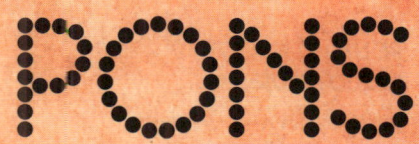

BLOODY MURDER

Löse 5 packende True-Crime-Fälle und viele Escape-Rätsel auf Englisch

von Ulrike Wolk und
Annekatrin Baumann

PONS
BLOODY MURDER

Löse 5 packende True-Crime-Fälle
und viele Escape-Rätsel auf Englisch

von
Ulrike Wolk und Annekatrin Baumann

1. Auflage 2023

© **PONS Langenscheidt GmbH, Stöckachstraße 11, 70190 Stuttgart, 2023**
www.pons.de

Projektleitung und Redaktion: Angela de Riese
Korrektorat: Ian Dawson
Rätselillustrationen: Inga Steinmetz
Logoentwurf: Erwin Poell, Heidelberg
Logoüberarbeitung: Sabine Redlin, Ludwigsburg
Innenlayout: Petra Michel, Amberg
Covergestaltung: Anne Pixaras, PONS Langenscheidt GmbH, Stuttgart
Satz: digraf.pl - dtp services
Druck und Bindung: Multiprint GmbH, Kostinbrod

ISBN: 978-3-12-562466-5

COME RIGHT IN!

S chön, dass du da bist, komm herein! Du befindest dich auf einer Reise an einen anderen Ort und in eine andere Zeit. Schon die erste Geschichte **Murder on the Railway** wirft dich mitten hinein in das viktorianische London im 20. Jahrhundert, in das Zeitalter klappernder Pferdekutschen und finsterer Gassen voller zwielichtiger Gestalten, aber auch der hellen Köpfe mit ihren bahnbrechenden Erfindungen und genialen Ideen. Und da du nun in England bist, sprechen natürlich alle auschließlich Englisch!

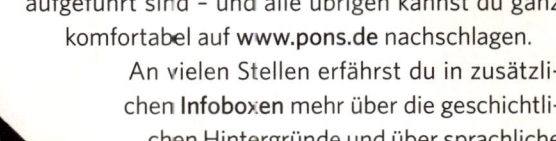

True Crime

G emeinsam mit den Journalisten Annie und Peter, die für die Zeitung *London Crime Courier* die aufregendsten Kriminalfälle in London recherchieren und dabei manchmal mitten hineingeraten, tauchst du in **fünf** verschiedene **wahre Verbrechen** ein. Manche Details wurden hinzugedichtet, doch im Kern sind alle Fälle so passiert, wie blutig und verstörend sie auch sein mögen – sei a so gewarnt! (Wenn du genau wissen möchtest, was Fakt und was Fiktion ist, blättere auf Seite 125. Aber Vorsicht, Spoilergefahr!)

Über viele spannende Seiten verfolgst du den Fall und versuchst, ihn zu lösen. Beim Verständnis der englischen Texte helfen dir **Wortschatzangaben** am Rand. Am Ende des Buches findest du eine **alphabetische Wortliste,** in der diese und viele weitere wichtige Wörter aufgeführt sind – und alle übrigen kannst du ganz komfortabel auf **www.pons.de** nachschlagen.

An vielen Stellen erfährst du in zusätzlichen **Infoboxen** mehr über die geschichtlichen Hintergründe und über sprachliche Besonderheiten.

Escape-Rätsel

Um die Fälle zu lösen, müssen Annie und Peter verschiedenste **Rätsel** knacken. Und jetzt kommst du ins Spiel. Du kannst Hinweise deuten, miträtseln und der Lösung des gesamten Falls so immer näher kommen. Pro Fall warten vier bis fünf harte Nüsse auf dich. Die Rätsel stehen immer am Ende einer Seite, du erkennst sie an den roten Rätselfragen:

 Was hat Peter herausgefunden?

Manche Rätsel finden direkt im Text statt, bei anderen musst du eine Illustration ganz genau untersuchen. Oft kann es helfen, dir **Notizen oder Zeichnungen** zu machen. Platz dazu findest du auf den Seiten 108 bis 120 im **Anhang**. Hier kannst du auf linierten, karierten oder leeren Seiten kritzeln und konstruieren. Vielleicht hilft es dir auch, das gesamte Alphabet einmal aufzuschreiben, um einen Code zu knacken.

Wenn du einmal nicht weiter kommst, helfen dir **Tipps**. Unter jedem Rätsel findest du drei verschiedene Symbole:

Tipp 1:  Beginne mit dem ersten Symbol ganz links. Suche auf der **vorderen Umschlagklappe** genau die richtige Kombination aus Farbe und Symbol. Dieser Kombination ist eine Nummer in der Tabelle zugeordnet. Dies ist die Nummer des ersten **Hinweises**, den du auf den Seiten 121 bis 124 im Anhang findest.

Tipp 2: Brauchst du noch einen weiteren Tipp? Dann wiederhole den Vorgang mit dem zweiten Symbol in der Mitte.

Tipp 3: Achtung! Das dritte Symbol ganz rechts führt dich direkt zur **Auflösung** des Rätsels.

Also nochmal zum Überblick: Symbol plus Farbe auf der Umschlagklappe suchen – Hinweis im Anhang lesen – Rätsel knacken!

Probier es doch mal aus! Suche dieses Symbol in der Matrix:

Beim **Abschlussrätsel** auf der letzten Seite jedes True-Crime-Falles bist du noch einmal besonders gefordert: Hier kannst du dir immer auch die dreistellige Seitenzahl errätseln, auf der die **Auflösung des Kriminalfalles** zu finden ist.

And now have fun and enjoy the trip!

ABKÜRZUNGEN

sb	somebody
sth	something
jdm	jemandem
jdn	jemanden
jmd	jemand
jds	jemandes
Pl.	Plural

INHALT

MURDER ON THE RAILWAY

Ein Toter an den Bahngleisen – der erste Fall für ein neues Ermittlungsteam. **7**

BEHIND THE VEIL

Ein Ausflug ins Reich der Toten nimmt eine dramatische Wendung. **27**

THE HEADLESS LADY

Ein Körper ohne Kopf taucht auf – wem gehört er, und was steckt hinter diesem grausigen Fund? **47**

A SEASIDE MYSTERY

Im sommerlichen Brighton kommt es zu einer ganzen Reihe seltsamer Vorfälle, die Annie den Appetit verderben. **67**

THE FINAL ACT

Ein populäres Paar auf und vielleicht auch hinter der Bühne, auseinandergerissen durch ein dramatisches Verbrechen. **87**

Case Files – Nützliches für deine Ermittlungen
Platz für Notizen **107**
Hinweise und Lösungen **121**
Author's Notes **125**
Alphabetische Wortliste **128**

MURDER ON THE RAILWAY

A New Colleague

Die Pfote des Hundes steckt im eisernen Gitter fest. Peter redet beruhigend auf den kleinen Beagle ein. **„Good boy"**, sagt er und massiert vorsichtig den Nacken des Tieres, während er mit der anderen Hand die Vorderpfote herauszieht. Ein feuchtes Gefühl am Knie macht ihm bewusst, dass er sich wohl gerade seine gute Hose ruiniert. Der kleine Kerl jault kurz und beginnt Peters Finger abzuschlecken. **„You must be hungry"**, sagt Peter. In seiner Tasche findet er ein kleines Stück harten Käse. Während der Beagle sich über den Käse hermacht, sieht Peter sich um. **„Where's your home, little chap?"** Peter schaut den Hund fragend an. Große braune Augen blicken zurück. **„Off you go!"** Peter streichelt dem Kleinen über den Kopf und gibt ihm einen ermunternden Klaps. Sicherlich wird er gleich loslaufen. Peter seufzt und geht über die Straße, öffnet eine Tür und beginnt den Aufstieg bis ins Dachgeschoss. Stolz tritt er durch die Tür, auf der **The London Crime Courier** zu lesen ist.

WORTSCHATZ

little chap *kleiner Kerl*
Off you go! *Ab mit dir!*
sighting *Sichtung, Beobachtung*
spring *hier: Sprungfeder*
heel *Absatz*
spring-heeled *etwa: Springteufel*
fairy tale *Märchen*
writer *Schriftsteller/in*
to attack *angreifen*
to appear *auftauchen*
to strike *zuschlagen*
monstrous *monströs*
being *Wesen*
widow *Witwe*
to expect *erwarten*
claw *Klaue*
to bark *bellen*
to scratch *kratzen*
to rescue *retten*
to adopt *adoptieren*
investigative *Detektiv-*

Die kleine Redaktion ist aufgeräumt. **„Nice and tidy, just how I like it."** Der aufgeräumte Eindruck verflüchtigt sich, als er in den Raum tritt: Am Tisch mit der Schreibmaschine hat sich Annie breitgemacht. Ihr Mantel hängt über der Armlehne des Stuhls, ihr Hut thront auf dem Globus. Aus einer Tasche ragt ein wildes Sammelsurium von Zeitschriften. Peter betrachtet den Papierwust. **„Anything interesting?"**, fragt er. **„Oh yes"**, ruft Annie und wedelt mit diversen Papieren. **„There has been another sighting of Spring-Heeled Jack."** **„I don't believe there's anything or anyone like Spring-Heeled Jack"**, sagt Peter. **„I'm a reporter, not a crazy fairy tale writer for the Illustrated London News."** Doch Annies gutgelaunte Energie ist ansteckend. Wenn nur nicht immer dieses Chaos um sie herum wäre. **„He attacked another woman last week!"** Annie streckt ihm die Zeitung entgegen. **„He just appeared at her door and ... read for yourself."**

Illustrated London News

7 July 1864

Spring-Heeled Jack Strikes Again

BY JONATHAN WHITTLER

Two weeks after his last attack Spring-Heeled Jack has struck again. At 9 o'clock on Monday evening Mildred Swanson of 24 Tannery Lane was attacked by the monstrous being. Swanson, a widow, was home alone when she opened the door, expecting her neighbour. „It was exactly like I read", Mrs Swanson said. „He had big claws and burning eyes. When the dog next door started barking, he ran away. He jumped right over the wall, I have never seen anybody jump so high.

Ein seltsam kratzendes Geräusch aus Richtung der Tür lässt beide aufhorchen. „Scratching!" schreit Annie und greift nach ihrem Schirm, den sie wie einen Degen vor sich hält. „It's Spring-Heeled Jack!" Peter öffnet die Tür: „I'm sure Jack doesn't bark." Er bückt sich, um seinen Besucher zu begrüßen. „Hello", sagt er, grinst und streichelt den kleinen Hund. „Who's this little chap?" fragt Annie verwundert. „I rescued him, and now he has adopted me!" „He's even brought a newspaper!" ruft Annie lachend. Peter setzt ein ernstes Gesicht auf: „Annie, meet the newest member of the London Crime Courier's Investigative team. This is …"

Als sein Blick auf die Zeitung fällt, weiß er, Zeile für Zeile, wie der Hund heißen muss: Wie lautet der Name?

Die Tabelle für die Hinweise und Lösungen findest auf der Klappe des Buchumschlags.

A New Case

THE ILLUSTRATED LONDON NEWS

The Illustrated London News *Illustrierte Londoner Nachrichten* war die erfolgreichste englische Wochenzeitung im Viktorianischen England. Erfolgsrezept des Blatts waren – wie der Name sagt – die Illustrationen (zunächst vornehmlich Holzstiche) und oft schockierende Geschichten.

MEET MY FRIEND!

Wenn man zwei Freunde oder Bekannte einander vorstellt, kann man das ganz einfach wie Peter machen: **Rover, meet Annie!** bedeutet so viel wie *Rover, darf ich dir Annie vorstellen?*

WORTSCHATZ

case *Fall*
to get along *zurechtkommen*
sketch *Skizze, Zeichnung*
to exist *existieren*
gentleman *Herr*
railway tracks *Bahngleise*
to chat *plaudern*
to scrub *schrubben, scheuern*

„Rover. Rover, meet Annie. You're colleagues now." „Great", sagt Annie. „We'll get along beautifully, won't we?" Rover schnuppert und wedelt mit dem Schwanz. „So, what are our plans for today?", fragt Annie. „I could do an interview with Mildred Swanson, maybe I could do a good sketch of ..." „No, no, no!", unterbricht Peter energisch. „I am not going to write about Spring-Heeled Jack!"

„The Illustrated London News writes about him all the time", protestiert Annie. „And we don't", antwortet Peter bestimmt. „I really don't believe he exists."

Etwas enttäuscht nimmt Annie ihren Mantel und setzt sich den großen Hut auf ihre roten Locken. Mit ihrem Zeichentalent und einem guten Augenzeugenbericht hätte sie bestimmt eine atemberaubende Skizze des „Terror of London" hinbekommen, der schon seit Monaten die Bewohner der Hauptstadt in Angst und Schrecken versetzt. Peter ist manchmal wirklich zu vorsichtig ... „If there's nothing else to do, Rover and I are going for a walk."

In der Nähe des Viertels Hackney Wick horcht Annie auf. „The gentleman from the railway tracks has died!", erzählt eine junge Frau aufgeregt einigen Passanten vor einem Pub. Ob es sich hier um einen Kriminalfall handelt? Annie tritt näher heran. „Who has died? Can you tell me more?", fragt sie, als aus dem Pub eine grobe Stimme ertönt: „Peggy, stop chatting and scrub the floor!"

Die junge Frau zuckt zusammen und geht durch die Tür. Kurzentschlossen schlüpft Annie hinterher. „We're not open ..." Der hemdsärmelige Mann hinter dem Tresen ist nicht gerade freundlich. Annie holt tief Luft und mobilisiert so viel Autorität wie sie nur kann: „I am investigating the tragic death of ..." Weiter kommt sie nicht, der Wirt nickt und weist mit der Hand auf eine Tür rechts von der Theke. „So the police are sending out ladies now ... Well, Peggy, take her to the back room." Annies Herz schlägt schneller. Hoffentlich merkt niemand, dass sie gar nicht von der Polizei geschickt wurde. Peggy scheint viel zu aufgeregt zu sein, um Verdacht zu schöpfen. „They've taken his body away this morning", berichtet sie – zu Annies Er-

THE POLICE

... are coming! The police wird als Mehrzahlwort behandelt und braucht deshalb die Pluralform des Verbs.

leichterung. „You'll want his other things, won't you?" Peggy führt Annie zu einem Tisch, auf dem eine Reihe von Gegenständen liegt. „We've looked through his things, but we haven't found a name. Well, maybe Scotland Yard can find out who he was ..."

„I'm sure they will, Peggy", antwortet Annie und nimmt zügig alles an sich. Als die Tür des Pubs hinter ihr zufällt, sieht sie, wie sich ein Polizist eilig nähert. Rover und Annie verschwinden schnell in der Menschenmenge. Außer Atem, aber unbehelligt kommen sie vor der Redaktion an. Annie streichelt dem Hund über den Kopf: „Good boy, Rover. Now, let's show Peter what a great investigative team we are!"

In der Redaktion breitet Annie die Gegenstände, die sie im Pub erhalten hat, auf dem Tisch aus: ein Brief, eine Fahrkarte, eine zusammengerollte Zeitung, ein Schlüssel, an dem eine gravierte Plakette hängt. Sie berichtet Peter, was sie erfahren hat: „Late last night, a man was found badly injured near the railway tracks. He was dressed like a gentleman. Unfortunately, he was unconscious, so nobody knows who he is. They brought him to the pub in Hackney Wick and called a doctor, but he died a few hours later. These are his things." Peter beugt sich über die Gegenstände. „Well, maybe these things will tell us something."

WORTSCHATZ

to investigate *untersuchen*
tragic *tragisch*
death *Tod*
lady *Dame, Frau*
back room *Hinterzimmer*
badly injured *schwer verletzt*
unconscious *bewusstlos*
well-dressed *gut gekleidet*

Peter überlegt: „What did a well-dressed gentleman do near the railway tracks at night? It's not a nice place for a walk ..." Annie deutet auf das Zugticket. „I don't think he was walking. Maybe he was on the train." Auf dem Ticket steht **The London Railway**. „What line is that?" Peter denkt kurz nach. Dann zeichnet er eine Linie auf die große Tafel an der Wand der Redaktion. Annie beobachtet ihn fasziniert. Peters enormes Gedächtnis für Pläne jeglicher Art überrascht sie immer wieder.

WORTSCHATZ

line *hier: Zuglinie, Verbindung*
to push off *hinausstoßen*
generous *großzügig*
toy soldier *Spielzeugsoldat*
great-uncle *Großonkel*
to join sb *sich jdm anschließen*
pleasure *Vergnügen*
company *Gesellschaft*
niece *Nichte*
return address *Absenderadresse*
edition *Ausgabe*

„Here", erklärt er. „The line ends at Bow Station. The pub where they brought him is about here." Peters Kreide quietscht auf der Tafel, als er den Ort mit einem dicken Kreuz markiert. „This is Victoria Park, and there's Hackney. If someone pushed him off the train, it was between Hackney Wick and Bow Stations."

Annie nickt und faltet den Brief auf: „Let's look at this ..."

Dear Uncle Thomas,
Thank you so much for the generous present. Toby is very happy. He plays with the toy soldiers all the time and talks a lot about you. You are his favourite great-uncle, he says. Will you join us again for dinner on Saturday? It would be a great pleasure to have you here. We always enjoy your company.

LONDON TRAINS

Das 19. Jahrhundert war das Jahrhundert der Dampfmaschine und damit auch das der Züge. 1838 entstand die erste Zuglinie von London nach Greenwich, weitere folgten bald. Schon 1863 nahm die U-Bahn (noch dampfbetrieben) den Betrieb auf.

Annie liest den Brief zuende. „Saturday!" ruft sie. „He was on the way back from dinner with his niece and her family! Oh, Uncle Thomas ... who are you?" Sie dreht den Brief um. „There's no return adress." Peter schiebt die Zeitung beiseite: „The newspaper doesn't help. It's the evening edition, so he picked it up on the way to the station."

„Let's look at the key, then", sagt Annie und nimmt den schweren Schlüssel in die Hand. „Look at this", sagt sie und deutet auf die Plakette, die an dem Schlüssel befestigt ist. „This looks like something personal ... maybe a family crest?" „The ship could mean he is a merchant, couldn't it?", überlegt Peter. „Or maybe, it is a riddle ..."
Schon hat der junge Journalist Papier und Bleistift in der Hand. Konzentriert versucht er, etwas aus den Symbolen herauszulesen.

„I can't make a word", stößt er schließlich frustriert hervor. Annie legt ihm die Hand auf die Schulter: „Maybe it's not a word ... it could be a name!"

WORTSCHATZ

something personal *etwas Persönliches*
family crest *Familienwappen*
merchant *Kaufmann*
riddle *Rätsel*

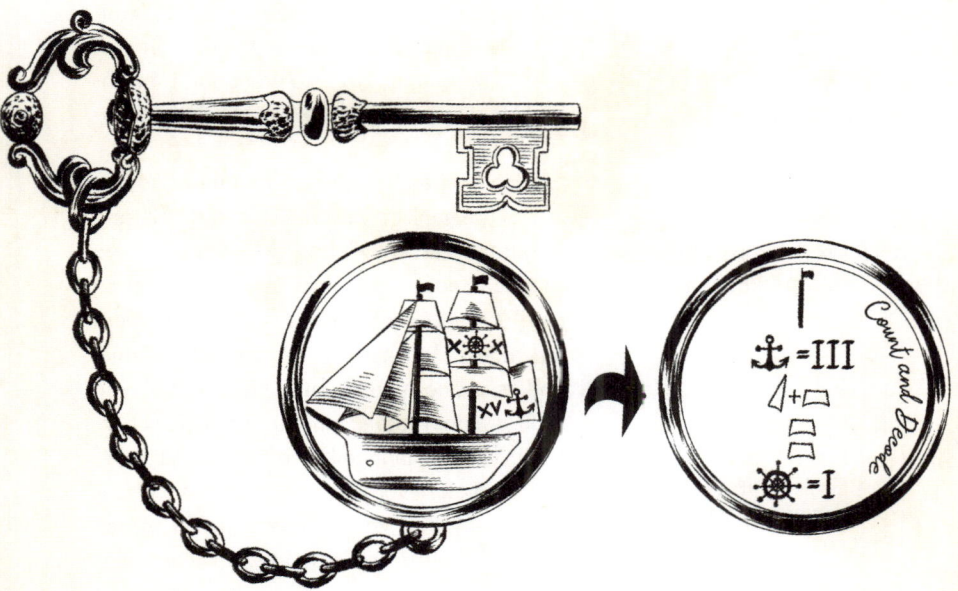

 Wie lautet der verschlüsselte Nachname?

Thomas Briggs

„Thomas Briggs!" ruft Annie aufgeregt. „I've read something about him. He works for a bank. Now, where did I read it?" Sie geht zum Regal, in dem die Zeitungen der letzten 14 Tage säuberlich aufgestapelt sind. Peter stöhnt innerlich, als er sieht, wie Annie auf der Suche nach der richtigen Ausgabe einen Papierberg produziert. Gerade will er eingreifen, als Annie einen freudigen Laut von sich gibt. „There it is", sagt sie und deutet mit ihrem Finger auf eine Spalte Gesellschaftsnachrichten:

„He was at the grand opening of something here: Mr Thomas Briggs, chief clerk of the bank of Messrs Robarts, Curtis, and Co. It also says he lives in 5 Clapton Square, in Hackney", fügt sie hinzu. „Let's go there!" Rover merkt sofort, dass es um einen Spaziergang geht. Er ist als erster an der Tür. Die Adresse führt die drei zu einem eleganten Stadthaus. Peter schaut zu Annie und hebt eine Augenbraue: „Shall we?" Annie nickt. Auf ihr Klopfen hin ertönen eilige Schritte. Ein junger Mann reißt die Tür auf: „Father?" ruft er, noch bevor Peter und Annie die Chance haben, sich vorzustellen. „Mr Thomas Briggs?", fragt Annie schnell. „Yes, I am Thomas Briggs", antwortete er, bevor er sich fängt und die Besucher ansieht. „Junior, I mean. My father is Thomas Briggs senior ... He hasn't sent you?", fragt er. Die Enttäuschung ist ihm anzuhören. „You haven't got any news?"

„We might have", sagt Annie leise. „May we come in?"

JR OR SR

Einen Vornamen zu vererben war und ist nicht ungewöhnlich. Zur Unterscheidung wird oft **junior** oder **senior** angehängt.

WORTSCHATZ

grand opening *feierliche Eröffnung*
Messrs *Plural von Mr (mister)*
chief clerk *Bürochef/in*
shall we? *Sollen/wollen wir?*
junior/senior *Junior/Senior*

Mr Briggs steht in der Eingangshalle eines gepflegten Stadthauses und starrt auf den Schlüssel, den Annie und Peter ihm zeigen. Er flüstert: „My father didn't come home last night. He often has dinner with my cousin, but he is always home before 11 o'clock. He is punctual … I was worried, but around midnight, I went to bed. He had his key with him. This morning I expected to see him at breakfast …" „Well", sagt Peter mit ruhiger Stimme, „they haven't identified the dead man yet. Maybe someone else had Mr Briggs' things? Maybe he was robbed?" „There's only one way to find out", fügt Annie hinzu. „Come to Scotland Yard with us." „Will you be with me?" Mr Briggs schaut die beiden fragend an. „We'll be with you", entgegnet Peter und Mr Briggs bringt so etwas wie ein Lächeln zustande.

Etwas später sitzen die drei im Büro von Superintendent Richard Tanner. Ein erschütterter Mr Briggs hat soeben seinen fast 70-jährigen Vater unter Tränen identifiziert, nur langsam erlangt er seine Fassung zurück. „My cousin lives in Peckham, he was there for dinner", erzählt er mit zitternder Stimme.

„They found him here, right between the tracks." Superintendent Tanner deutet auf das Kreuz auf der Karte. Peter zeigt auf das Zugticket, das er dem Polizisten zusammen mit der Zeitung, dem Brief und dem Schlüssel ausgehändigt hat. „We know now who he was and which direction he was travelling."

Superintendent Tanner wendet sich an Mr Briggs: „Do you know if your father had any enemies?", doch der Mann schüttelt nur den Kopf. „No, I can't imagine he had any", sagt er leise. „We found some money in his pockets. So if this was a robbery, is there something missing?", fragt Tanner schließlich. „Oh yes", antwortet der Sohn: „He had gold eyeglasses and a fine watch and watchchain. A leather bag, a walking stick … and a silk top hat."

SCOTLAND YARD

Mit der Stadt wuchs auch die Kriminalität. 1829 gründete Innenminister Sir Robert Peel in London die **Metropolitan Police**, deren Mitglieder oft nach ihm **Bobbies** oder **Peelers** genannt wurden. Nach dem Straßennamen der Polizeistation wurde sie auch als **Scotland Yard** bezeichnet.

WORTSCHATZ

punctual *pünktlich*
to expect *erwarten*
to identify *identifizieren*
robbed *ausgeraubt*
right between *genau zwischen*
direction *Richtung*
enemy *Feind/in*
to imagine *sich vorstellen*
robbery *Raubüberfall*
missing *weg, fehlend*
watchchain *Uhrenkette*
walking stick *Gehstock*
silk *Seide, seidene(r/s)*
top hat *hoher Hut, meist Zylinder*

„We have to get to Hackney Wick Station", sagt Annie, nachdem sie Mr Briggs junior nach Hause gebracht haben. „As quickly as possible." „Yes, maybe we'll find some clues there." Peter winkt entschlossen eine Droschke herbei.

Am Bahnhof angekommen hören Annie und Peter laute Stimmen. „This is a scandal", ereifert sich ein Mann. Ein Bahnbeschäftigter entschuldigt sich wortreich, während ein zweiter Mann einstimmt: „This is a first class carriage. Why isn't it clean? There's blood all over the floor." Schnell gehen sie zu dem Zugabteil, vor dem das Gespräch stattgefunden hat. Die beiden Passagiere, wohl Bankiers auf dem Weg zur Arbeit, lenken den Bahnbeschäftigten ab, so dass keiner die zwei Journalisten bemerkt. Die Tür des mittleren Abteils steht weit offen, Peter und Annie gehen hinein. Tatsächlich: Neben einer Sitzbank befindet sich eine große Blutlache. „There's blood all over the cushions and the door", bemerkt Peter. „And there's something else." Bevor Peter sprechen kann, setzt sich der Waggon in Bewegung. Erschreckt flüstert Annie: „Where are we going?"

Der Wagen rumpelt, dann kommt er abermals zum Stehen. Peter späht vorsichtig aus dem Fenster und erkennt ein Abstellgleis. Wahrscheinlich ist man dabei, den Waggon abzukoppeln. Tatsächlich hört er einen Bahnwärter rufen: „We've detached the car. The police are coming. It's a crime scene!"

Eindringlich betrachtet Annie die drei Gegenstände, die Peter hinter einem Sitz gefunden hat: „The black bag and the stick belong to Mr Briggs, I am sure", sagt er. „The hat doesn't." „Why?" will Annie gerade fragen, als ihr einfällt, dass der Sohn von Mr Briggs' seidenem Zylinder erzählt hat, ohne den er niemals das Haus verließ. Annie betrachtet den Hut: Es handelt sich um einen robusten Hut aus gefilztem Biberpelz. „Not bad", denkt sie „but a lot less elegant than a silk hat."

Als sich Schritte nähern, halten Annie und Peter den Atem an. Wird man sie hören? In diesem Moment fährt ein Zug geräuschvoll in den Bahnhof ein, begleitet von einer riesigen Dampfwolke. Annie atmet erleichtert auf und zieht Peter schnell hinter sich aus dem Waggon.

WORTSCHATZ

clue *Hinweis*
scandal *Skandal*
carriage *Waggon*
cushion *Polster*
to detach *abkoppeln*
crime scene *Tatort*
stick *(Geh-)Stock*
to belong to sb *jdm gehören*
silk *Seide*
label *Etikett*
hatmaker *Hutmacher/in*

Später in der Redaktion seufzt Annie enttäuscht. „There wasn't a real clue …" „There was one", widerspricht Peter. „I saw the label inside the hat. It's a hatmaker named Walker. He's in Crawford Street, Marylebone." Sie machen sich auf den Weg.

„This must be it." Annie betritt den Laden. „What can I do for you, Madam?", kommt eine Stimme aus dem hinteren Bereich des über und über mit Herrenhüten in den unterschiedlichsten Materialien und Stilrichtungen gefüllten Ladens. „We don't sell ladies' hats, but I can repair yours." Annie schießt das Blut in die Wangen. „That won't be necessary", sagt sie schnell und beginnt von dem Überfall und dem Hut zu erzählen. Der Hutmacher beginnt zu summen und lacht schrill. „The hat won't help you. It's cold ... cold as death." Annie ist das Lachen des Mannes unheimlich, sie will den Laden so schnell wie möglich verlassen. „Where has the gold chain gone to?" Meint er vielleicht die Uhrenkette? Unwillkürlich bleibt sie stehen. „I'll help you, dear lady", singt der Hutmacher nun. „Just follow my golden voice." Annies innere Stimme drängt sie, die Beine in die Hand zu nehmen, doch die seltsamen Reime des Hutmachers fesseln sie:

> **MAD AS A HATTER**
>
> Ein verrückter Hutmacher kommt nicht nur in Lewis Carolls Alice im Wunderland vor, er war im 19. Jahrhundert Realität. Das Quecksilber, das in der Hutmacherei zum Einsatz kam, verursachte Vergiftungen, die zu seltsamem und unberechenbarem Verhalten führen konnten.

„Just go down the street and turn to the right,
you will find five houses, all on your left side.
The even numbers go up, from two up to ten,
there aren't any shop signs, but you will know when
you double the number at the shoemaker's door
you will find the baker, and listen some more:
The pharmacy's clearly left of the baker's,
but right of the unfriendly shoemaker's.
The bookseller's number is smallest of all –
and now you should know at which house
you should call."

Mit offenem Mund steht Annie da, als sich der Hutmacher – wieder in seiner normalen Stimme – verabschiedet: „A good day to you, Madam!"

WORTSCHATZ

necessary notwendig
death Tod
to follow folgen
even number gerade Zahl
voice Stimme
sign Schild, Zeichen
to double verdopppeln
shoemaker's Schuster
baker's Bäckerei
pharmacy Apotheke
bookseller Buchhändler
to call at a house ein Haus besuchen

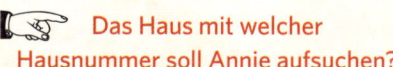 Das Haus mit welcher Hausnummer soll Annie aufsuchen?

The Watchchain

Annie folgt den Anweisungen des Hutmachers und überquert Cheapside, die Straße mit den gar nicht billigen, feinen Geschäften für Herrenmode, Uhrmachern und Juwellieren, die vor Aktivität brodelt. Karren, Wagen, Kutschen, Hundekarren und einige pferdegezogene Omnibusse verstopfen die Fahrbahn, während der Gehweg fast komplett von wimmelnden Fußgängern verdeckt wird. Hufe und hölzerne Räder auf dem Pflaster sorgen für großen Lärm. Rover bleibt dicht bei Annie. Die Gasse, die Annie betritt, ist viel ruhiger. Vor ihr liegen die fünf Häuser: der Buchladen, der – angeblich – unfreundliche Schuhmacher, die Apotheke, eine Bäckerei und schließlich bei Nr. 10 ein Laden, der ebenfalls kein großes Schild hat. Von einer Leiste hängen drei goldene Kugeln herab. „Three golden balls – a pawnbroker!", stößt Annie aufgeregt hervor. Vor der Tür gibt Annie dem Beagle ein Stückchen Wurst. „Wait here, I'll be back soon."

„John Death – Fine Jewellery" steht über dem Eingang. „What a creepy name", denkt Annie. Nach kurzem Zögern betritt sie den Laden und fragt den überraschend freundlichen Ladenbesitzer, ob ihm in den letzten Tagen ein ungewöhnlicher Kunde aufgefallen sei.

„Yes, I thought something was strange", sagt John Death. „There was this German man who came in on the 11th. He had a watchchain and said he didn't like it. I couldn't see why. It was a very good watchchain, but he wanted something more modern." Annie kann ihr Glück kaum fassen. „Have you still got the chain he gave you?" „Yes, it's here." Death greift in eine Schublade. „It's good quality. I had a fashionable Albert

---

3 GOLDEN BALLS

Drei goldene Kugeln kennzeichneten eine Pfandleihe. Möglicherweise stehen die Kugeln für die drei Goldkugeln, die der heilige Nikolaus der Legende nach einer armen Familie schenkte. Sicher ist, dass Nikolaus der Schutzpatron der Pfandleiher ist, und dass die leichte Erkennbarkeit einer Pfandleihe in Zeiten von großer Armut und verbreitetem Analphabetismus sehr hilfreich war. Häufig waren Juweliere gleichzeitig Pfandleiher.

WORTSCHATZ

pawnbroker *Pfandleiher/in*
jewellery *Schmuck, Juwelen*
creepy *unheimlich*
fashionable *modisch*
quality *Qualität*
Albert chain *Uhrkette benannt nach Prinz Albert*

chain, but he couldn't afford it. So I gave him a cheaper one and a small ring with a white stone to make up for the difference. Should I go to the police?" Annie nickt. „You'll help them catch a killer!" Aufgeregt verlässt sie den Laden und macht sich mit Rover auf den Rückweg in die Redaktion. Was Peter wohl dazu sagen wird? Sie hat eine Spur!

Zufrieden betrachten Peter und Annie einige Tage später den gedruckten Artikel:

WORTSCHATZ

to **afford** (sich) leisten
to **make up for** ausgleichen
to **commit murder** einen Mord begehen
carriage Kutsche
shortly thereafter kurz darauf
covered bedeckt
murderer Mörder/in
to **exchange** austauschen
height Körpergröße
skin Haut
features Gesichtszüge
foreigner Ausländer/in
vest Weste
oblong oval
engraved head eingravierter Kopf
reward Belohnung

Murder on the Railway

13 July 1864

BY PETER WHITTAKER

A murder was committed last Saturday in a carriage on the North London Railway.

Mr Thomas Briggs, chief clerk in the bank of Messrs Robarts, Curtis, and Co., Lombard Street, left Fenchurch Street Station on the 9.45 p.m. train for Hackney, where he lived. Later that night he was found badly injured by the railway tracks and died shortly thereafter. The first-class carriage was found to be covered with blood. A walking stick and a leather bag, both belonging to Mr. Briggs were found in the carriage; also a hat with the hatmaker's name, which the murderer had left behind.

A watchchain belonging to Mr Briggs was exchanged for another at jeweller John Death's shop in the City on Monday by a man who is described as following: about 30 years old; height, 5 feet 6 or 7 inches; light skin; thin features; a foreigner – maybe German; speaks good English; black coat and vest, dark trousers, and a black hat. This person took a gold Albert chain and a gold finger-ring with a white stone (oblong shape, engraved head) in exchange for Mr Briggs' chain.

There is a reward of £300 for finding the murderer.

Einige Momente später klopft es an der Tür. Ein Telegrafenjunge steht davor. Peter liest das Telegramm und ruft: „Come on, Annie, Superintendent Tanner wants to see us!"

There is a reward, isn't there?", hört Annie jemanden sagen, als sie und Peter Scotland Yard betreten. Der Mann ist seiner Kleidung nach zu urteilen ein Droschkenkutscher. Ob es wohl um die Belohnung für Hinweise zum Mörder von Mr Briggs geht? Und tatsächlich: Kurz nachdem sie und Peter bei Inspector Tanner im Büro angekommen sind, klopft es an der Tür und derselbe Mann betritt den Raum.

> ### LODGERS
>
> Wohnraum war beschränkt und teuer, vor allem alleinstehende Arbeiter und Angestellte mieteten üblicherweise als **lodger** *Untermieter* ein Zimmer in einem Privathaus, inklusive einer warmen Mahlzeit am Tag. Die Vermieter besserten sich so ihr Einkommen auf.

„I am Jonathan Matthews, and I have information about the murder", stellt sich der Mann vor. In seiner Hand hält er eine Pappschachtel. „Please take a seat", sagt Tanner und wendet sich dem Besucher zu. „So, what have you brought us, Mr Matthews?"

Der Kutscher beginnt zu erzählen: „I read about the murder in the newspaper, and I think I know who did it."

„We are very interested in what you have to say", sagt Tanner.

„My sister was engaged to our lodger. He is a tailor, a German, born in Cologne, but he speaks good English. My sister was very much in love with him at first, but he was a jealous man. She couldn't stand it, and she broke off the engagement. He moved to another house." „Does the gentleman have a name?", unterbricht Tanner. „Yes, sure, it's Franz Müller." „And why do you think he murdered Mr Briggs?" „Last week he came to say goodbye. He wanted to go to America. He gave our daughter this box." Er schiebt dem Inspector die Pappschachtel entgegen. Im Inneren der Schachtel klebt ein kleines Etikett:

WORTSCHATZ

to take a seat *sich setzen*
engaged *verlobt*
lodger *Untermieter/in*
tailor *Schneider/in*
Cologne *Köln*
jealous *eifersüchtig*
to break off *trennen, auflösen*
engagement *Verlobung*
to move *hier: umziehen*
to be on to sth *etw auf der Spur sein*

JOHN DEATH

„It says ‚John Death' on the inside. And it's the right size for a watchchain." Tanner nickt bedächtig. „Maybe you're on to something." Er greift unter den Tisch und holt den Hut hervor, der im Zugabteil gefunden wurde. „Do you know this hat?" „Yes", nickt Matthews. „This is his hat. I am sure. I bought it for him at Mr Walker's shop. And there's more", fügt Jonathan Matthews hinzu: „My sister has even got a photograph of him." Mit diesen Worten zieht er eine Fotografie aus der Tasche und legt sie vor drei staunenden Gesichtern auf dem Tisch ab. „Can you also tell us where to find the gentleman?", fragt Tanner sichtlich beeindruckt. „Sorry, no", schüttelt Matthews den Kopf. „He always came to our house, we never knew his new address. If there was a letter for him, we just kept it until he picked it up."

Annie betrachtet das Bild eines jungen Mannes mit lockigen Haaren und einem ernsten Gesichtsausdruck. „There's something written on the back of the picture. Maybe an address? Maybe he hoped your sister would change her mind?"

WORTSCHATZ

to pick sth up *hier: abholen*
written *geschrieben*
to change her mind *ihre Meinung ändern*

 Was kann Müller mit den Notizen auf dem Bild gemeint haben?

The Pursuit

Die Adresse 16, Park Terrace in Old Ford führt zu einem Boarding House im Londoner Stadtteil Bow – hier bieten Mister und Mrs Blyth Kost und Logis für zahlende Gäste. Das Haus ist einfach, aber sauber und ordentlich, und als Annie und Peter an der Tür klopfen, zieht ihnen ein angenehmer Duft aus der Küche in die Nase. „Mr Müller?", fragt Mrs Blyth und wischt sich die Hände an der Schürze ab.

„Yes, he lodged with us." „Lodged?", fragt Annie erstaunt. „Has he moved?" Mrs Blyth bedeutet den beiden, ihr in die Küche zu folgen. „I need to stir my stew", murmelt sie und schlurft etwas schwerfällig voran. „Mr Müller was a good lodger", erklärt sie und rührt in einem großen Topf. „Always paid his rent on time." „Has he moved?", fragt Annie noch einmal. „Two days ago. Off to America, that's what he wanted. Big dreams, these young people ..." Als Schritte auf dem Flur ertönen, ruft Mrs Blyth mit unerwartet lauter Stimme: „Mr Goodwyn!" Ein junger Mann mit roten Locken steht im Türrahmen. „These people are looking for Mr Müller", erklärt sie, und an Peter gewandt: „This is Mr Goodwyn, another lodger. He can tell you more." Goodwyn zuckt mit den Schultern. „Not a lot, I'm afraid." Dann ist er verschwunden.

Annie schaut Peter an. Dieser zuckt mit den Schultern. „That was strange." Plötzlich allerdings steht Mr Goodwyn wieder in der Küche. In seiner Hand hält er eine Postkarte. „All I know is what Müller wrote here."

BOARDING HOUSE

Während Privathaushalte einen oder mehrere Untermieter aufnahmen, betrieben manche die Zimmervermietung professionell. **Boarding houses** gab es in den verschiedensten Qualitäts-, Komfort- und damit natürlich auch Preisklassen: von der billigen Absteige bis zum gediegenen Etablissement mit Salon und Klavier.

WORTSCHATZ

pursuit *Verfolgung*
to lodge *zur Untermiete wohnen*
to stir *umrühren*
stew *Eintopf, kräftige Suppe*
rent *Miete*
off *hier: weg*

Dear Friend,
I'm leaving to find luck
and happiness in the
New World. England
will never see me again.
Franz

THE GOLDEN DOOR

Das 19. Jahrhundert war der Zeitraum der größten Einwanderung in die USA. Deutsche, Iren und Engländer waren besonders zahlreich vertreten, und 70 Prozent kamen durch **The Golden Door**, *die goldene Tür*, wie man New York damals nannte.

„H e's going to America!", ruft Annie aus „Quick! We have to get to the docks!"

Jetzt geht alles rasend schnell. Inspector Tanner präsentiert dem Harbour Master. dem Hafenmeister, das Foto von Müller, das er von Matthews erhalten hat. Das Büro des Hafenmeisters ist voller Pläne und Register. „I can't remember the face", sagt der bärtige

WORTSCHATZ

happiness *Zufriedenheit*
the docks *Hafen*
headed for *auf dem Weg nach*
to escape *entkommen*
to overtake *überholen*

Mann mit der Pfeife im Mund. „Too many people come through here." Seine Augen schweifen über die Pläne und Karten, die eine komplette Wand des Raumes bedecken. „… but if he left two days ago … that would have been …", der Finger nähert sich einer Zeile eines Planes, „the *Victoria*!" Er nimmt ein schweres Register und schlägt es auf der letzten beschriebenen Seite auf, und tatsächlich – zwischen zahlreichen anderen Reisenden findet sich dieser Eintrag:

> Franz Muller, Bow, headed for New York, Victoria

„He escaped", seufzt Peter. „Not yet", setzt Inspector Tanner mit entschlossenem Gesichtsausdruck entgegen. „Which is the quickest ship sailing for America? Can we overtake the ‚Victoria'?", fragt er den Hafenmeister. Nach kurzem Überlegen nickt dieser: „The ‚City of Manchester' leaves tonight." Tanner nickt: „I'm going. I'll take John Death and Mr Matthews with me. They can identify him."

The London Crime Courier

25 July 1864

Pursuit across the Atlantic Ocean

BY PETER WHITTAKER

The murderer of Banker Thomas Briggs Sr. has been identified as German-born tailor Franz Müller. Müller, 24, is trying to reach New York on board the steamer *Victoria*, but London's police will not let him escape from justice. Superintendent Richard Tanner, 31, a rising star of the Metropolitan police, has boarded the *City of Manchester*, which is faster than the *Victoria*. If all goes as planned, Tanner will arrive several days before the culprit in Staten Island where all passengers from Europe must go through quarantine.

Peter wartet auf die Post. „I wonder how Annie is doing." Etwas sorgenvoll erinnert er sich an Inspektor Tanners Weigerung, er könne keine Journalisten und schon gar keine junge Frau mitnehmen. Mit John Death und Mr Matthews hingegen hatte er kein Problem. Mr Matthews erhielt, wie Peter aus sicheren Quellen erfahren hatte, sogar Kompensation für seinen Verdienstausfall während der Reise. Doch Annie hat natürlich einen Weg gefunden.

„Yes, I miss her, too!", sagt Peter und krault Rover hinter den Ohren.

WORTSCHATZ

German-born *gebürtiger Deutscher*
tailor *Schneider/in*
to reach *erreichen*
on board *an Bord*
steamer *Dampfschiff*
justice *Gerechtigkeit*
rising star *aufgehender Stern*
to board *an Bord gehen*
culprit *Schuldige/r*
quarantine *Quarantäne*
to wonder *sich fragen*

Endlich Post! Ein dicker Umschlag voller Zeichnungen erwartet Peter, zuoberst liegt ein Brief.

Dear Peter,

I am having the most adventurous time. Thank you for your clothes, it is much easier as a man …

We have already arrived at Staten Island, and I hope the Victoria will arrive the day after tomorrow. They will have to pass Nova Scotia first, though. Have you heard about the Tallahassee? It's a frightening pirate ship. It has already destroyed a large number of ships, so let's hope and pray the Victoria will arrive safely.

GEFAHREN AUF SEE

Obwohl Ozeanüberquerungen im 19. Jahrhundert zunehmend schneller und komfortabler wurden, waren sie noch immer mit zahlreichen Gefahren verbunden. Neben dem Wetter spielten auch Piraten den Seereisenden übel mit. Allein die *Tallahassee* zerstörte und plünderte mehr als 30 Schiffe vor Amerikas Ostküste.

Peter atmet tief durch, als er am Ende des Briefs angekommen ist. Annie geht es gut, sie ist sicher. Langsam blättert er durch die Zeichnungen. Sie sind hervorragend, und schon macht er sich daran, den nächsten Artikel zu schreiben. Seit er über **The Railway Murder** berichtet, verkaufen sich die Ausgaben des **London Crime Courier** wie warme Semmeln. Wie recht er doch hatte, seine Zeit nicht an Spring Heeled Jack zu vergeuden … Und was für ein Glück, dass Annies Spaziergang mit Rover sie zu diesem spannenden Fall geführt hat.

„Rover, let's go for a walk!", sagt er, als er den Artikel beendet hat. Unten auf der Straße taucht die Spätsommersonne das Kopfsteinpflaster in goldenes Licht.

WORTSCHATZ

adventurous *abenteuerlich*
though *jedoch*
frightening *furchteinflößend*
pirate ship *Piratenschiff*
to destroy *zerstören*
safely *sicher*

"The *Victoria* is coming!" Inspector Tanner steht angespannt im Büro der Hafenpolizei auf Staten Island. Er wartet auf Funkkontakt. „Remember, this is not your jurisdiction!", erinnert ihn der amerikanische Kollege. „As if I could forget that!", denkt er sich und setzt die Zähne fest aufeinander. Der amerikanische Bürgerkrieg ist allgegenwärtig, ein gewisses Misstrauen ist spürbar.

„OK, we've made contact with the *Victoria*", wendet sich der amerikanische Polizist an Tanner. „We can tell Captain Champion to call each passenger's name so they can come to be examined by the doctor." „Is that what you normally do?", fragt Tanner erstaunt. „No, we don't", grinst der Kollege, „but the passengers don't know that." „But", und jetzt wird er sehr ernst. „I have to make absolutely sure that you are legit." Er legt Tanner ein Dokument mit Zeichen und Symbolen vor. „If you are who you say you are, you can tell me the code, and I'll message Captain Champion for you. You have 20 minutes before the passengers disembark."

WORTSCHATZ

jurisdiction *Gerichtsbarkeit, Zuständigkeit*
to make contact *Kontakt aufnehmen*
to examine *untersuchen*
to make sure *sicherstellen*
absolutely *absolut, völlig*
legit (*kurz für* **legitimate**) *sauber, berechtigt*
code *Code*
to message *benachrichtigen*
to disembark *von Bord gehen*

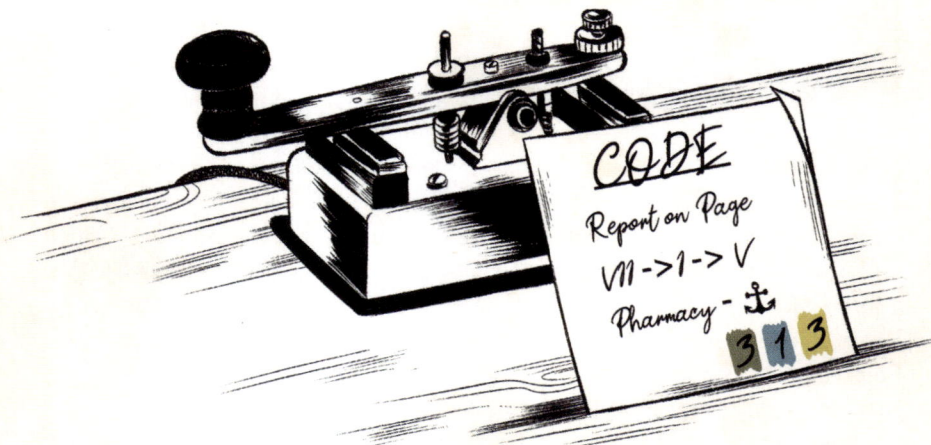

 Wie lautet der Code? Der Code gibt auch die Seitenzahl an, auf der das Finale des Kapitels zu finden ist.

BEHIND THE VEIL

What's wrong with Annie?

Eigentlich könnte Peter zufrieden sein: Der London Crime Courier entwickelt sich prächtig. Seit der Geschichte über den Mord im Zugabteil und die spektakuläre Festnahme Müllers in New York nehmen ihn endlich auch die Journalisten der anderen Zeitungen ernst. Und er hat viele treue Leser gewonnen.

„**Have you heard that Muller hats are all the rage now?**", fragt er Annie, die in der Redaktion im Sessel am Fenster sitzt. Franz Müller hatte den gestohlenen Hut seines Opfers abgeschnitten und kürzer genäht – und sich damit als wahrer Trendsetter erwiesen. Annie hebt kurz den Kopf. „**Oh, how droll**", sagt sie, doch ihr Tonfall zeigt kaum Interesse, sie wirkt abwesend. Schon seit Tagen gelingt es Peter nicht, Annies Neugierde mit den kleinen Beobachtungen und Neuigkeiten zu wecken, die sie sonst so begeistern.

„**Annie**", sagt Peter und geht zu ihr hinüber. „**Is there anything the matter?**" „**No**", sagt sie kurz. „**Nothing … I have to go.**" Wenige Augenblicke später hat sie, nun mit Mantel, Hut, Regenschirm und ihrer großen Tasche, die Redaktion verlassen. Die Tür, die seit gut zwei Wochen ein elegantes Messingschild mit dem Namen der Redaktion ziert, fällt ins Schloss. Wie glücklich war Peter an dem Tag gewesen, an dem sie die alte Papptafel durch dieses stolze, glänzende Schild ersetzen konnten. „**Annie was her usual happy energetic self back then**", denkt er. „**What happened? And when?**", fragt er sich und geht in Gedanken die Fälle und Ereignisse der letzten Wochen durch. „**Nothing unusual … unless …**"

MATTER

matter *Problem, Schwierigkeit* wird hauptsächlich in Fragen oder negativen Aussagen benutzt. In einer positiven Aussage würde man meist **problem** oder **issue** verwenden: „What's the matter?" – „I have a problem with my job. And there's the issue of …"

WORTSCHATZ

veil *Schleier*
all the rage *der letzte Schrei*
droll *drollig, skurril*
Is there anything the matter? *Gibt es ein Problem?*
usual *üblich*
energetic *energisch*
self *Selbst*
back then *damals*
unless *außer*

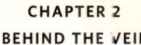

E s war der Dienstag der letzten Woche gewesen, ein eisiger Tag, doch Kälte hatte Annie noch nie etwas anhaben können. Peter hatte sie gebeten, einige Erkundigungen im Archiv der Morning Post einzuholen. Annie ist gut darin zu recherchieren und erledigt solche Aufgaben mit großer Begeisterung. Wenn sie von einer Expedition in die Tiefen des Archivs zurückkommt, platzen normalerweise all die Dinge, die sie herausgefunden hat, nur so aus ihr heraus. An diesem Dienstag aber war sie Peter nachdenklich vorgekommen, und sie hatte die Redaktion schon bald darauf verlassen. „It didn't strike me then", denkt sich Peter, „but she hasn't been the same since that day."

„Well", sagt er schließlich. „I have got a new case. Not for the newspaper though ... I have to investigate Annie. I must find out what's wrong. And I must help her."

Der beste Platz für den Anfang ist wohl Annies Schreibtisch, unter dem Rover schläft. Wie immer liegt hier alles wild durcheinander, nur Annies Zeichnungen sind ordentlich gestapelt. Peter blättert sie durch, die meisten kennt er. Es handelt sich um Skizzen für Illustrationen zu Fällen der letzten Wochen.

Plötzlich fällt ihm etwas am Schreibtisch auf: Die große Klappe im Mittelteil ist geschlossen. Das ist äußerst ungewöhnlich,

WORTSCHATZ

to strike sb treffen; hier: jdm auffallen
case Fall
to investigate untersuchen, überprüfen
conscience Gewissen
familiar vertraut
to place sth etw zuordnen, einordnen

normalerweise macht sich Annie nie die Mühe, sie zu schließen. Zaghaft öffnet Peter die Klappe. Rover gibt einen Laut von sich, der Peter seltsam vorwurfsvoll vorkommt. „You're right, Rover. This is not my desk. And I do have a bad conscience. But if Annie needs help, I have to do this". Rover gähnt und schläft weiter. Peter betrachtet die Papiere, die hinter der Klappe liegen.

Eine Zeichnung sticht heraus: Ein Mann und eine Frau nebeneinander, sehr fein ausgearbeitet, Annie muss tagelang daran gearbeitet haben. „The faces look familiar, but I can't place them", murmelt Peter. Er legt das Bild auf dem Schreibtisch ab. Dafür schiebt er eine Ansammlung von Briefen und Zeichenstiften beiseite. Sein Blick bleibt an einem Zeitungsausschnitt hängen.

THE MORNING POST

21 January 1854

Local Couple Killed in House Fire – Foul Play?

BY LAWRENCE BRIDGERTON

A local couple, Thomas Matthew Short and his wife Grace died in a house fire last Friday. The fire broke out on the staircase of their Knightsbridge home. Everything burned down quickly, the couple had no chance. The fire brigade could, however, save all neighbouring houses. Her Majesty's chief fire officer commented on the fire: „The speed of the fire was very unusual. We suspect foul play." The couple's 10-year-old daughter survived. She was staying with relatives. The funeral will be held at Brompton Cemetery.

WORTSCHATZ

couple *Paar*
foul play *unsauberes Spiel; Verbrechen*
to break out *ausbrechen*
staircase *Treppenhaus*
to burn *(ab-)brennen*
chance *Chance*
however *jedoch*
fire brigade *Feuerwehr*
neighbouring *benachbart*
Her Majesty's *Ihrer Majestät*
chief fire officer *Feuerwehrkommandant/in*
to suspect *vermuten*
to survive *überleben*
to stay with sb *bei jdm wohnen*
relatives *Verwandte*
funeral *Beerdigung*
cemetery *Friedhof*

Jetzt fällt es Peter wie Schuppen von den Augen: Annies Eltern! Das Paar, das ihm irgendwie bekannt vorkam. Natürlich hatte er die beiden nie gesehen, aber die Ähnlichkeit mit Annie ist ausgeprägt. „Why have I never asked Annie anything about her parents?", fragt sich Peter. „What do I know about her, anyway?"

Peter weiß, dass Annie bei ihrer Tante lebt, der exzentrischen Lady Lucinda Sinclair, der allein es zu verdanken ist, dass Annie beim London Crime Courier arbeiten kann. Davon abgesehen – so wird es ihm plötzlich bewusst – weiß er nicht viel.

Der Nebel auf dem Brompton Cemetery ist kalt, doch längst nicht so dunkel und übelriechend wie der in der Innenstadt. Peter geht den breiten Weg in der Mitte der Grabstätten entlang. Die Grabsteine schimmern durch den grauen Schleier über dem Gräberfeld. Auf einmal sieht er Bewegung im Nebel: Da steht Annie. Sie hält einen Strauß Rosen in der Hand. Ihre Schultern beben.

Peter tritt neben sie. „I'm so sorry, Annie. I didn't know." „Today's the anniversary", sagt Annie leise. „I always thought it was an accident. Aunt Lucinda told me. And then I went to the newspaper archive last week, and ..." „I know", sagt Peter. „I saw the article. I didn't mean to, but I was worried about you ..." Man kann ihm anhören, wie unangenehm es ihm ist, Annie hinterherspioniert zu haben. „It's all right", sagt Annie und lächelt beinahe. „It's exactly what I would have done." Peter atmet hörbar auf. Annie legt die Rosen aufs Grab.

„You know", sinniert Annie, als die beiden den Friedhof durch das große Tor verlassen, „I feel better now. It's good to talk about it." „So, what do you want to do now? Ask Aunt Lucinda?" „No", antwortet Annie. „I've already asked her. She doesn't know. I'm going to ask ... my parents." Peter bleibt abrupt stehen. „Has Annie lost her mind now?", schießt es ihm in den Kopf. „Tonight", sagt Annie. „Don't follow me." Verständnislos blickt Peter Annie hinterher. Dort, wo sie eben noch stand, findet er einen Zettel auf dem Boden.

SEVEN CEMETERIES

Um 1840 herum entstanden die **Magnificient Seven**, *sieben große Friedhöfe,* um die dramatisch überfüllten Gemeindekirchhöfe zu entlasten. Diese stellten ein Seuchenrisiko dar.

WORTSCHATZ

anniversary *Jahrestag*
newspaper archive *Zeitungsarchiv*
article *Artikel*
I didn't mean to *ich wollte nicht*
what I would have done *was ich getan hätte*
to lose one's mind *verrückt werden*

 Ob der ihm Aufschluss über Annies Pläne geben kann?

Is there Anybody Here?

Als Annie das große Haus in der Bedford Row in Holborn erreicht, in dem die Séance stattfinden soll, schlägt ihr Herz schneller. Sie weiß, dass Peter nicht verstanden hätte, dass sie auf den heutigen Abend große Hoffnungen setzt – er ist ein unverbesserlicher Skeptiker. **„He would have worried"**, denkt sie sich. **„He always worries about me. But I'm not naive."** Sie hat viel gelesen und recherchiert. Wenn der Äther erst einmal richtig erforscht ist, wird es ein Kinderspiel sein, mit denen auf der anderen Seite – nenne man sie Geister, Abdrücke, Überbleibsel – zu kommunizieren. **„Science will make it all possible!"**, sagt sie sich, fast etwas trotzig, und betätigt den Türklopfer. Ein betagter Butler lässt sie ein, und schon steht sie Lady Cicely Peckford-Smith, der Gastgeberin, gegenüber.

„Miss Short, a pleasure to meet you", sagt die korpulente Dame im taubenblauen Samtkleid. **„I am so sorry Lady Sinclair could not join us tonight."** Annie nickt, auch wenn die Wahrheit ist, dass Aunt Lucinda nichts von der Séance weiß. Lady Peckford-Smith stellt Annie den anderen Gästen vor: zwei weitere Damen, eine groß und kräftig mit einem Gebiss wie ein freundliches Rennpferd, und eine kleinere, nervös wirkende Frau mit zu vielen Nadeln in der unordentlichen grauen Frisur, die an einen Pudel erinnert.

„There are four ladies and five gentlemen tonight", erklärt Lady Peckford-Smith. **„Are you excited? Do you attend séances often?"** **„This is my first one"**, will Annie antworten, als sie merkt, dass ihr Lady Peckford-Smith schon nicht mehr zuhört. **„Reverend Monck, how good of you to come tonight"**, sagt sie und stürmt auf den bärtigen Mann im schwarzen Anzug zu, der eben den Raum betritt. **„This is the famous spiritualist and medium Reverend Dr Francis Ward Monck."**

SÉANCES

Séances *spiritistische Sitzungen* waren im Viktorianischen England äußerst beliebt – sowohl als Unterhaltung als auch als ernsthafter Versuch, Kontakt mit Verstorbenen herzustellen. Auch Königin Victoria versuchte, ihren geliebten Mann Prinz Albert nach dessen Tod 1861 auf diese Weise zu erreichen und um Rat in politischen Angelegenheiten zu bitten.

WORTSCHATZ

naive *naiv, gutgläubig*
pleasure *Vergnügen*
to join sb *sich jdm anschließen*
to attend sth *an etw teilnehmen*
séance *Séance*
reverend *Pfarrer/in*

Annie hat von Monck gelesen, seinetwegen ist sie heute hier. Der ehemalige Pfarrer einer Baptistengemeinde erregt immer

wieder Aufsehen damit, wie erfolgreich und eindrucksvoll seine Séancen sind. Der Mann wirkt zweifellos selbstsicher, charismatisch. **„Isn't he handsome?"**, seufzt die Frau mit der grauen Pudelfrisur. **„Millicent! Quiet!"**, zischt ihre Begleitung streng, fügt dann aber, wesentlich milder hinzu: **„I have to admit he has got an … aura!"**, und sieht den Reverend mit offensichtlicher Bewunderung an. **„Did you know – he can also heal by magnetism!"**

„We'll have sherry and finger sandwiches in the drawing room", verkündet Lady Peckford-Smith und fügt zu Reverend Monck gewandt hinzu: **„So you have time to meditate in the Green Salon, where we'll have the séance."**

„He always meditates before contacting the spirits", erklärt sie, an ihre Gäste gewandt. **„He says it cleanses his mind – he's such a spiritual man."** Annie wird langsam nervös: **„What am I going to ask if I get the chance?"**, fragt sie sich und geht zum Fenster. Lange kann sie da aber nicht bleiben, denn das Hausmädchen schließt die dicken samtenen Vorhänge. Monck verschwindet mit seinem schweren Lederkoffer mit den bronzenen Beschlägen hinter einer Tür.

ETHER THEORY

Noch bis ins 20. Jahrhundert hinein vermutete die Wissenschaft die Existenz des **ether** *Äthers*, eines Stoffes mit geringerer Dichte als Luft, in dem sich Licht und andere elektromagnetische Wellen ausbreiten können. Die Äthertheorie bot sowohl der Wissenschaft als auch Pseudowissenschaften Begründungsmöglichkeiten für vielerlei Phänomene. Widerlegt wurde die Äthertheorie zum Verdruss ihrer Anhänger 1905 durch Albert Einsteins Allgemeine Relativitätstheorie.

WORTSCHATZ

spiritualist *Spiritist/in*
medium *Medium*
handsome *gutaussehend*
to admit *zugeben*
aura *Aura*
to heal *heilen*
magnetism *Magnetismus*
finger sandwiches *Canapées*
drawing room *Salon*
to meditate *meditieren*
spirit *Geist*
to cleanse *reinigen*
mind *Geist, Verstand*
spiritual *spirituell*
to get the chance *die Möglichkeit haben*

Kurz darauf sitzen alle um einen kleinen runden Tisch im Grünen Salon. Auch hier sperren dicke Samtvorhänge das verbleibende Licht aus, eine einzelne Kerze brennt in der Mitte des Tisches. Daneben liegt etwas unter einem schwarzen Seidentuch. Monck beginnt mit tiefer, musikalischer Stimme: „Before we call the spirits, let us pray for our protection." Die Gäste nicken. „Join hands and say the Lord's prayer with me."

Nach dem Gebet nimmt der Reverend das Seidentuch, unter dem eine kleine Spieluhr zum Vorschein kommt. „This is how we will communicate tonight!", kündigt er an. „Any spirit in this room can use this music box to talk to us." Fasziniert betrachtet Annie das kleine Kästchen. „Go on, you can touch it", ermuntert Monck Annie, die die Box in die Hand nimmt. „Ping", sirrt ein hoher Ton, als sie die Kurbel berührt. „Pass it around", schlägt Monck vor. Als das Kästchen wieder bei Annie ankommt, stellt sie es vorsichtig auf den Tisch. „I'll put this cigar box on top, so we know it's not the air – or ...", hier macht er eine kleine Pause „... one of us". War da ein ironischer Ton in Moncks Stimme? „No", denkt Annie, „I must have imagined it."

> ### A LOVED ONE
>
> **A loved one** ist nicht zu verwechseln mit einem **lover**: Während **lover** einen romantischen Partner bezeichnet, sind **loved ones** nahestehende Menschen, meist Familienangehörige oder sehr enge Freunde.

„Spirits", intoniert Monck nun mit leiserer, beschwörender Stimme, „we have come together to talk to you tonight. So let me ask: Is there anybody here? Can you hear me? If you can hear me, give us a sign. Let the music box sound. If you can hear me, if you want to talk to us, please ... please give us a sign!"

WORTSCHATZ

protection *Schutz*
to join hands *sich an den Händen fassen*
the Lord's prayer *das Vaterunser*
music box *Spieluhr*
to communicate *kommunizieren*
to pass sth around *etw herumgeben*
to imagine sth *sich etw vorstellen*
sign *Zeichen*
benevolent being *wohlwollendes Wesen*
loved one *Angehörige/r*

Stille breitet sich im Raum aus, alle halten sprichwörtlich den Atem an. „I can feel you", flüstert Monck beschwörend, „give us a sign." Mitten in die schwere samtene Stille klirrt ein Ton. Alle starren auf die Zigarrenkiste. „Thank you", sagt Monck, „I can feel you are a benevolent being. Who are you? Do you want to speak to a loved one? Give us a sound: Once for yes, twice for no."

Ein einzelner Ton lässt Annies Herz schneller schlagen. „Are you a man?" – Ping. „Father", denkt Annie. „Please, let it be Father."

„Are you coming to talk to your loving widow?", fragt Monck. „No! Daughter!", will Annie herausplatzen, aber sie bleibt äußerlich ruhig. Dafür spürt sie augenblicklich große Aufregung neben sich. Millicent mit der grauen Pudelfrisur hat scheinbar Schwierigkeiten, sich auf dem Stuhl zu halten. „Darling", flüstert sie in die Stille hinein. „Spirit", intoniert Monck. „Will you tell us who you are?" und abermals ertönt ein einzelner, glasklarer Ton.

Monck öffnet das Band, das zwei kleine Schiefertafeln aufeinander hält. Plötzlich erscheinen Zeichen. Annie hält den Atem an.

WORTSCHATZ

widow *Witwe*

SPIRIT SLATES

Bei Séancen gab es eine Reihe an Vorrichtungen, mit denen Geister kommunizieren sollten. **Spirit slates** *Geistertafeln* waren kleine Schiefertafeln, auf denen „geisterhafte" Schrift erschien. Häufig wurden zwei Tafeln aufeinander gelegt. Wenn man sie wieder auseinander nahm, wurde die Schrift sichtbar.

 Was sie wohl bedeuten?

It is my husband Rupert after all!", seufzt Millicent aufgeregt. Enttäuscht, doch gebannt verfolgt Annie den weiteren Verlauf der Séance. Rupert lässt Millicent wissen, dass es ihm gut geht und er sie liebt. Monck stellt weitere Fragen. Als die antwortenden Töne schwächer werden, räuspert er sich. **„Rupert, we thank you for coming and talking to us tonight."** Ein letztes, sehr leises Ping ertönt, dann verkündet Monck **„I feel that he has gone now. He is happy."**

SPIRIT HANDS

Séancen waren auch Entertainment: Mit der Zeit wurden die Tricks und Effekte, die erfinderische Geisterbeschwörer anwandten, immer ausgefeilter. Optische Illusionen wurden durch Licht erzeugt, häufig durch Abbildungen auf dünnem Gazestoff. **Spirit hands** *Geisterhände* waren häufig zu sehen – und gelegentlich auch zu fühlen.

WORTSCHATZ

to hear a pin drop *eine Stecknadel fallen hören*
to frighten *Angst machen*
Be gone! *veraltet: Verschwinde(t)!*
port *Portwein*

Er fixiert die Augen auf einen Punkt im Raum. **„There are more spirits in here."** Er atmet tief ein und aus **„They feel ... different."** Plötzlich erscheint über dem Kamin eine geisterhafte Hand. Alle starren auf die bleichen, dünnen Finger. **„You could hear a pin drop now"**, denkt Annie, so still ist es im Raum. Nun ertönen unsichtbare Glöckchen. Annie hält die Luft an. Irgendetwas scheint sie am Rücken zu berühren. Sie schaudert, doch als sie sich umdreht, ist da nichts. Millicent stößt einen spitzen Schrei aus, als eine weitere Geisterhand erscheint und einen Rhythmus auf einem Tamburin spielt. **„Spirits"**, ruft Monck. **„Do not frighten us. Stop! Be gone!"** Mit diesen Worten bläst er die Kerze aus. Der Raum ist mit einem Mal still und stockfinster. Annie atmet auf. Der Spuk ist vorbei.

„Now wasn't that exciting", schnattert Lady Peckford-Smith. **„Come and have port and cheese in the drawing room, everyone."** Annie hat das Gefühl zu ersticken. **„I need some air"**, sagt sie an niemanden direkt gerichtet und verlässt den Raum durch ein paar breite Flügeltüren, die direkt in den Garten führen.

The Angel's Secret

Der Garten ist wie Lady Peckford-Smith: üppig und dekorativ. Sträucher sind in aufwändige Formen geschnitten, zu viele Säulen, Pavillons und Steinfiguren sorgen für den Eindruck, in einer Ausstellung für Gartenzubehör zu stehen. Über allem liegt eine dünne Schicht Schnee. Annie tut die frische Luft gut, sie lehnt sich an eine Engelsfigur und atmet tief durch. Der Engel sieht tröstlich auf sie herab, und sie muss lächeln. „You understand me, don't you?", flüstert sie. „I must accept that I didn't get answers." Immer noch lächelnd streichelt sie dem Engel über die gefalteten Hände, als sie an etwas hängen bleibt. Gleichzeitig ertönen aus dem grünen Salon unsichtbare Glöckchen. Fassungslos betrachtet Annie den kaum sichtbaren Seidenfaden, der von den Händen des Engels durch das Fenster ins Haus hinein führt. Noch bevor sie sich bewusst werden kann, was ihre Entdeckung bedeutet, hört sie schwere, eilige Schritte.

> **MUST & MUSTN'T**
>
> Während **must** eine starke Verpflichtung oder einen Zwang ausdrückt, bezeichnet **mustn't** ein Verbot: **Mustn't** ist also nicht wörtlich mit *nicht müssen*, sondern mit *nicht dürfen* zu übersetzen.

„He mustn't see me!", denkt Annie und drückt sich an die Wand. Glücklicherweise liegt dort kein Schnee und damit gibt es keine Fußspuren. Ihre Finger spüren eine raue hölzerne Tür. Ein Kellerverschlag! Schnell schlüpft sie hinein, die Tür fällt zu. Hier kann sie ausharren, bis Monck verschwunden ist. Als sich Annies Augen an die Dunkelheit gewöhnt haben, kauert sie sich in einer Nische hinter einer Holzkiste nieder. Nach einer Weile hört sie das Quietschen der Tür. Eine Lampe leuchtet in den Raum. Moncks plötzlich einschüchternde Figur erscheint vor dem vom Mondlicht erhellten Garten. „I mustn't breathe", denkt Annie verzweifelt. Als die Tür ins Schloss fällt, atmet sie kurz erleichtert auf. Doch dann bricht Hoffnungslosigkeit über sie herein. Sie beginnt lautlos zu weinen.

WORTSCHATZ

angel *Engel*
secret *Geheimnis*
to accept *akzeptieren*
to breathe *atmen*

In the Club

GENTLEMEN'S CLUBS

Clubs sind eine britische Institution, die ihre Hochphase im 19. Jahrhundert hatte. Exklusive Räumlichkeiten für Mitglieder und bisweilen deren Gäste, die sowohl einen Treffpunkt als auch Rückzugsmöglichkeiten außerhalb des eigenen Haushalts boten. Clubs vereinten Menschen (häufig, aber nicht immer nur Männer), die politische Einstellung, gesellschaftlicher Status, ein Berufsfeld oder ein gemeinsames Interesse verband.

WORTSCHATZ

old fellow *veraltet: alter Freund*
balderdash *veraltet: Unsinn*
nonsense *Unsinn*
fraud *Betrug; Betrüger/in*
Nothing bad will come of it.
  Es wird nichts Schlimmes passieren.
smart *schlau*
curious *neugierig*
to get into trouble *in Schwierigkeiten geraten*

Als Peter in der Redaktion ankommt, ist er tief in Gedanken. Er macht sich Sorgen um Annie. „She's so sad, and so alone. I should have followed her." Von Unruhe gepackt geht Peter in seinen Club. Vielleicht kann er dort herausfinden, von welcher Séance Annie gesprochen hat.

„Now, what's wrong with you, old fellow?", dröhnt eine Stimme hinter Peter, der sich gerade über die aktuellen Zeitungen beugt. „I have never seen you so worried before!" Peter dreht sich um und sieht seinen Freund Henry Stockton hinter sich, der sich gerade eine Pfeife stopft. „Yes, I am", nickt er. „I'm terribly worried. You see, a friend of mine is going to a séance tonight." „But séances are complete balderdash!", lacht Henry amüsiert. „I know it's all nonsense", antwortet Peter. „So what is there to worry about?" Henry deutet auf ein paar Sessel am Fenster. „Sit down, old fellow, and tell me all about it."

Peter erzählt. Von Annie und ihren Eltern. Und dass sie nun alleine zu einer Geisterbeschwörung geht. „Well, it's always fraud", nickt Henry zustimmend, fügt aber beruhigend hinzu: „But don't worry. Your friend will probably see a good show and maybe they'll even tell her that her parents are happy and at peace ... Nothing bad will come of it." Peter nimmt einen Schluck Tee und legt die Stirn in Falten. „You know", sagt er. „I'm not so sure. Annie wants to believe in all this. But she is smart. And she is curious. If she finds out there is fraud, she could get into trouble ..."

„I see … We should find out more about this séance", sagt Henry, und plötzlich erhellt ein verschmitztes Lächeln sein Gesicht. „You're lucky. I've just remembered I've read something about a so-called medium. It was a newspaper from a town in the North … there it is!"

WORTSCHATZ

so-called *sogenannte/r/s*
exposed *überführt, bloßgestellt*
to go to plan *nach Plan laufen*
attendee *Teilnehmer/in*
to suspect *vermuten*
to refuse *sich weigern*
to block sb's way *jdm den Weg versperren*
to lock *abschließen*
passing *vorbeigehend*
to disappear *verschwinden*
to break the door down *die Tür aufbrechen*
bedsheet *Bettlaken*
stuffed *ausgestopft*
to float *schweben*
muslin *Musselin*
elastic *Gummiband, -faden*
to knock *klopfen*
silk thread *Seidenfaden*

THE HUDDERSFIELD CHRONICLE

False Medium exposed

BY FREDERICK BINGHAM

28 October 1876

It was Wednesday, 25 October 1876. At a house in Arthur Street, Huddersfield, the séance was going to plan for the spiritualist medium Rev. Dr Francis Ward Monck. But at the end of the evening, one of the attendees, a Mr H. B. Lodge, suspected tricks by Monck and asked him to open a large box which the spiritualist had brought to the meeting. Monck refused and wanted to leave, but Mr Lodge blocked his way, so he ran upstairs to a bedroom and locked the door behind him. A passing policeman helped to break the door down, but Monck had disappeared – not through the help of spirits, but by a bedsheet out of a window. The doctor left behind his box of tricks: several spirit hands (stuffed gloves), a machine for floating these around the room, a machine for table knocking and a spirit face painted on muslin, also some pieces of elastic and silk thread.

"The scoundrel!", ruft Peter aufgeregt. "That must be him. Annie said that the medium was a reverend!" "We know his name now. Let's find out where the séance took place, and then let's go and rescue your friend", sagt Henry und greift nach seinem Stock. "I think I might have heard that a medium by the name of Monck will be at Lady Peckford-Smith's place tonight."

"Spiritualism and séances have become a profitable business", erläutert Henry Stockton, als die beiden in einem Hansom cab, einer einachsigen Taxi-Kutsche, die von einem kräftigen Droschkengaul gezogen wird, sitzen. "Have you heard about the Fox sisters?" Peter schüttelt den Kopf. "Three American sisters from New York. They started the whole thing thirty years ago." "Do you think there could be something to it?", fragt Peter nachdenklich. "No", antwortet Henry bestimmt. "One of the sisters even confessed that it was a prank at first. The funny thing is: People want to believe. And the Fox sisters are still making money." "There is a lot of money in spiritualism, that's true", stimmt Peter zu. "I have seen the advertisements for séances in journals and newspapers – there must be hundreds of them every week." Henry nickt. "These people exploit grief and despair. And they make a lot of money doing it." "Isn't it dangerous to exploit sad and hopeless people?", überlegt Peter. "It certainly is. Some people have spent all their money on séances, some have even killed themselves." "We must expose these frauds!", ruft Peter aufgeregt. "But", Henry lächelt sarkastisch: ".... that's when it really gets dangerous. These so-called mediums have got a lot to lose. I've got a friend at Scotland Yard who investigates these cases." Peters Gesicht wird bleich: "We really need to find Annie – and quickly!"

ETWAS WAHRES

Could there be something to it? *Ist da etwas Wahres dran?* fragt man gerne, wenn es darum geht, Wahrheit von Gerüchten oder Aberglauben zu trennen.

WORTSCHATZ

scoundrel *Schurke, Schurkin*
to rescue *retten*
by the name of *mit dem Namen*
profitable *lohnenswert*
there is something to it *es ist etwas dran*
to confess *gestehen, zugeben*
prank *Streich*
journal *Zeitschrift*
to exploit *ausnutzen*
grief *Trauer*
despair *Verzweiflung*
hopeless *hoffnungslos*
to expose *aufdecken, ans Licht bringen*
a lot to lose *viel zu verlieren*

In the Dark

Im Keller stellt sich Annie darauf ein, die Nacht dort verbringen zu müssen. „There is only one exit, and I cannot open it", stöhnt sie innerlich. Sie hat versucht, den Riegel der Tür mit einem Draht nach oben zu schieben, aber der Türspalt ist zu schmal. Die Enttäuschung ist riesig, doch nun meldet sich Annies Verstand zu Wort. „What was real … and what wasn't? How did he do it? How did the music box under the cigar box make a sound? Nobody could touch it."

Annie überlegt: „A music box only makes a sound when someone touches it. But … no one touched the music box." Sie seufzt: „Either", so sagt sie sich „there was a ghost, or … well, or what?" Plötzlich muss sie lachen. „Monck said there were two ghosts, but I am sure there wasn't even one. And Monck said there was only one music box … what if there were two music boxes?" Annie fühlt sich schon viel besser. Sie sitzt immer noch in einem kalten Keller fest, aber das Gefühl, das Rätsel gelöst zu haben, lässt sie wieder freier atmen. „Everybody was looking at the cigar box. But Monck had a second music box somewhere … under the table or in his pocket – it was dark. Everybody was looking at the one thing that it could not be and nobody looked at the thing that actually made the sounds, because we all saw the box and heard the sounds, and we just took it for granted that there was only one music box. Only one, more than one …", denkt sie. „Maybe there is more than one exit!"

WORTSCHATZ

exit *Ausgang*
to touch *berühren*
either … or *entweder … oder*
to take sth for granted *etw für selbstverständlich halten*

Wo ist der Ausgang?

Hinter dem Schränkchen verbirgt sich eine Klappe. Annie krabbelt hindurch und die klare kalte Luft der Februarnacht umfängt sie und füllt ihre Lungen. Von Monck ist keine Spur zu sehen. Die meisten Lichter am Haus sind erloschen. „The guests have left", denkt Annie. „I wonder if Monck is still here." Sie hält den Atem an. Ein paar Blätter rascheln. „Just a bird", sagt sie sich, doch ihre Augen suchen schnell den Busch ab, von dem das Geräusch gekommen ist. „I must leave quickly now", denkt sie und macht vorsichtig ein paar Schritte in Richtung einer niedrigen Mauer, in deren Schatten sie hofft, ungesehen zum Ausgang zu kommen. Plötzlich aber lassen schwere Schritte Annie das Blut in den Adern gefrieren.

„Goodness", stößt sie schließlich hervor „Peter! You have scared me!".

Peter geht auf sie zu. Er hat das unbändige Gefühl, sie vor Erleichterung in die Arme schließen zu müssen, doch er bleibt stehen und schiebt seine Hände in die Manteltaschen. „I didn't mean to scare you, but I'm glad we found you. And I'm glad you are unharmed." Dann stellt er seinen Begleiter vor: „This is my friend, Henry Stockton. He had read about your medium, and he remembered where. Monck's a fraud, I'm afraid." Annie lächelt schwach. „I found that out myself". Sie erzählt den Männern von dem seidenen Faden, den sie im Garten entdeckt hat, und davon, wie sie sich vor Monck im Keller verstecken musste.

WORTSCHATZ

Goodness! *Meine Güte!*
to scare sb *jdn erschrecken*
glad *froh*
unharmed *unverletzt*
to warm sb up *jdn aufwärmen*
case *Fall*
incredible *unglaublich*
energy *Energie*
safely *sicher*
early tomorrow *zeitig morgen früh*

„Let's have some tea to warm you up", schlägt Peter vor, „and Henry can tell you about his friend at Scotland Yard who investigates cases like this one." Annie schüttelt energisch den Kopf „Let's go to Scotland Yard right now!"

„Annie's incredible energy", denkt Peter wieder einmal lächelnd. Doch heute ist es zu spät. „It will have to wait until morning. We'll just get you home safely and go to Scotland Yard early tomorrow."

At Scotland Yard

Am nächsten Morgen sitzen alle drei in einem Büro in Scotland Yard. Henry stellt Peter und Annie seinen Freund vor: Detective Sergeant Donald Sutherland Swanson. „Just Donald, please", sagt der freundliche Mann mit dem buschigen Schnurrbart und den wachen Augen. „I can't believe it – a real Scot in Scotland Yard", ruft Annie aus, als sie seinen Akzent hört. Swanson grinst breit. „And you won't believe how many times I have heard that remark. But I can assure you, there's more of us in the London police than you would guess."

Annie berichtet, während sich der Detective Sergeant Notizen macht. Als sie ihren Bericht beendet hat, nickt Swanson. „Monck had been sentenced to three months' hard labour in Huddersfield, but he escaped. I have been watching him, and I'll get him soon, I hope. What do you know about spiritism?"

Annie räuspert sich: „Well, I thought it was a new, even scientific way to make contact with spirits ... but now I'm not sure." Wieder nickt Swanson: „So many things have been developed and discovered in recent decades ... just think of electricity, steam engines – it seems quite possible. Many great minds seem to believe in it ... I personally don't. I have never met a medium who wasn't a fraud."

DONALD SWANSON

Donald Sutherland Swanson war später einer der berühmtesten Detektive von Scotland Yard und federführend an der Jagd auf Jack the Ripper beteiligt. Er hat keine Memoiren verfasst, aber eine ganze Reihe von Aufzeichnungen hinterlassen, in denen er auch den hier dargestellten Fall und seine Auflösung erläutert.

WORTSCHATZ

Scot *Schotte, Schottin*
remark *Bemerkung*
to assure *versichern*
to be sentenced *verurteilt werden*
hard labour *Zwangsarbeit*
to escape *entwischen*
scientific way *wissenschaftliche Methode*
to make contact *in Kontakt treten*
to develop *entwickeln*
to discover *entdecken*
recent decades *vergangene Jahrzehnte*
steam engine *Dampfmaschine*
to seem *scheinen*
personally *persönlich*
great minds *kluge Köpfe*

Ähnlich wie Henry erklärt Swanson, wie die Fox Sisters 30 Jahre zuvor die Welle des Spiritismus ins Rollen brachten und seither unzählige Betrüger aus Trauer und Verzweiflung ihrer Opfer Kapital schlagen. Er stoppt, als er sieht, dass eine Träne über Annies Wange kullert. „Well", sagt er, „I think you know something about sadness. Let's get Monck. He mustn't trick people any longer. Now we have to find out where he is", sinniert Swanson. Annies Gesicht erhellt sich: „I have just remembered: At the séance, someone said he also heals people by magnetism. And if he does that ..."

„.... there will be advertisements for it to attract clients!", beendet Swanson aufgeregt Annies Satz und springt auf. „Excellent! I really need a magnetism treatment for my ..." – er überlegt kurz und sagt dann „terrible lethargy". Henry platzt laut heraus: „Lethargy is probably the last thing you are suffering from", worauf alle lachen müssen, da es tatsächlich derartig im Kontrast zum energiegeladenen Wesen Swansons steht.

Als sich die Heiterkeit gelegt hat, beugen sich alle über diverse Zeitungen und Zeitschriften, die Swanson von seinem Schreibtisch nimmt. Nach einer Weile stöhnt Peter: „I never knew how many mediums, clairvoyants and so on there are. There is a Mrs Dearbourne – she's a physician and a medium. I wonder how that works ..." Es dauert noch eine Weile, doch dann schreit Peter triumphierend: „There it is!"

MAGNETISM

Magnetism, auch **Animal Magnetism** oder **Mesmerism** (nach dem deutschen Arzt Franz Mesmer aus dem 18. Jahrhundert), geht davon aus, dass alle Lebewesen eine Art magnetische Substanz im Körper tragen, die von außen, zum Beispiel durch Handauflegen, manipuliert werden kann. Dadurch sollten Krankheiten geheilt werden. Die Existenz einer solchen Substanz wurde – genau wie die des Äthers – später widerlegt.

WORTSCHATZ

sadness *Traurigkeit*
to attract *anziehen*
client *Kunde, Kundin*
treatment *Behandlung*
lethargy *Lethargie*
to suffer from *an ... leiden*
clairvoyant *Hellseher/in*
physician *Arzt/Ärztin*
to wonder *sich fragen*
to work *hier: funktionieren*
healing *Heilung*
to consult *um Rat fragen*
to enquire *nachfragen*

Frances W. Monck
Magnetic Healing
– can be consulted again.
Enquire at the offices of The Medium
and Daybreak, 15 Southhampton Row

Just the Wrong Shape

Am Tag darauf sitzen wieder Annie, Peter und Detective Sergeant Swanson um einen Tisch, diesmal jedoch um den in der Zeitungsredaktion. „**The Medium and Daybreak is a magazine full of spritism, ghost healing and so on**", berichtet Swanson. „**I went there this morning, but no success, I'm afraid. I talked to the editor. He's a Scotsman, too, by the way, but that didn't help me. He told me that I could not see the doctor because ...**" hier hält er inne und verdreht die Augen. „**Because what?**" fragt Peter nach. „**... my skull was the wrong shape.**"

„**The wrong shape?**", fragt Annie erstaunt und muss lachen. „**Your skull looks just fine to me**", sagt Peter, und nun können sich auch Peter und Swanson nicht mehr beherrschen. Als das Lachen verebbt ist, beginnt Swanson zu erklären: „**Burns – that's his name – believes in Phrenology. His whole office is full of pictures and charts of skulls. And if you believe in this, the form of the skull can tell you if a person is trustworthy, friendly or a villain. I guess my skull says I'm a devious scoundrel who should not be trusted**".

„**How can the skull tell you anything about the character of a person?**", fragt Peter erstaunt.

PHRENOLOGY

Entwickelt vom deutschen Arzt Franz Gall war Phrenologie im 19. Jahrhundert sehr populär: Man glaubte, die Form eines Schädels gebe Auskunft über den Charakter eines Menschen. Gerne wurde die heute völlig widerlegte Methode verwendet, um Rassismus und Sklaverei zu rechtfertigen.

WORTSCHATZ

shape *Form*
ghost healing *Geistheilung*
success *Erfolg*
editor *Herausgeber/in*
Scotsman *Schotte*
to see a doctor *sich ärztlich untersuchen/behandeln lassen*
skull *Schädel*
chart *Schaubild, Diagramm*
trustworthy *vertrauenswürdig*
villain *Übeltäter/in*
devious *hinterlistig*
scoundrel *Schurke, Schurkin*
to trust *vertrauen*

WORTSCHATZ

brain *Gehirn*
to shrink *schrumpfen*
muscle *Muskel*
to train *trainieren*
to make space *Platz machen*
to produce *hier: hervorbringen*
to pick up *mitnehmen*
free *hier: kostenlos*
treatment *Behandlung*
worthy *würdig*
session *Sitzung*
to solve *lösen*

„I don't think it can", antwortet Swanson, „but phrenologists think that there are about 35 different areas in the brain. If you use them, they grow, if you don't use them, they shrink – just like a muscle when you train it. The skull changes its shape to make space for the brain." „That would produce some funny heads, I think", bemerkt Annie und beginnt einen Kopf zu skizzieren.

„Well, anyway, I think we've got another chance: On the way out of the magazine's office, I picked up this paper."

Interessiert beugen sich alle über den Zettel, den Swanson auf den Tisch legt:

 Welches Wort und welche Zahl verstecken sich hier? Wer ist es würdig, Teil einer der angepriesenen Sitzungen zu sein? Der dreistellige Code gibt die Seitenzahl an, auf der das Finale des Kapitels zu finden ist.

CHAPTER 3

THE HEADLESS LADY

The Horrible Box

Als Henry Wheatly am Morgen des 5. März mit seinem Kohlekarren am Ufer der Themse vorbeikommt, bleibt sein Blick an einer Holzkiste hängen, die im Wasser der Themse treibt. **„Not a bad box"**, denkt der Kohleträger. **„What is it doing out there?"** Als er an eine Reihe von Einbrüchen denkt, die in letzter Zeit in der Umgebung berichtet wurden, erhellt sich sein Gesicht. **„What if …"**, denkt er sich und malt sich aus, das könne eine Kiste voller Diebesgut sein, die ertappte Einbrecher ins Wasser geworfen haben. Könnte heute sein Glückstag sein? **„Oh Lord, please let it be something good!"**, sendet Wheatly sein Stoßgebet gen Himmel. Das Geld ist immer knapp, doch seit Lucys Mutter krank ist und mit versorgt werden muss, kommt die Familie kaum noch über die Runden. **„A treasure chest could save us"**, denkt er sich und versucht die Kiste mit einer langen Stange zu erreichen. Als er sie schließlich an Land zieht, spürt er ihr Gewicht. **„I wonder what's in there"**, murmelt er voller Vorfreude.

IT MUST BE THE DUCKS

Vermutungen über Gründe kann man so einfach anstellen, wie Annie das hier tut: **It must be the ducks.** *Es muss wohl an den Enten liegen.*

WORTSCHATZ

headless *kopflos*
treasure *Schatz*
chest *Truhe, Kiste*
to wonder *sich etwas fragen*
horrible *grauenhaft, fürchterlich*
Oh Lord *Lieber Gott*
Good God *Oh Gott*

Rover zieht aufgeregt an der Leine. **„He always wants to go to the river"**, grinst Peter. **„It must be the ducks"**, kommentiert Annie. Bereitwillig folgen die beiden dem Beagle zum Ufer, wo einige Kohlekähne liegen und gerade entladen werden. Plötzlich ertönt ein markerschütternder Schrei. Er kommt von einem der Männer in der Nähe der Kähne. **„Good God"**, schnauft der Mann und lässt sich auf die Erde sinken. **„This is … horrible!"** **„Sir, can we help you?"**, fragt Annie. **„What is horrible?"** **„Oh Miss, don't look!"**, sagt Henry Wheatly und macht eine kraftlose Geste in Richtung einer großen, stabilen Holzkiste, die etwa zwei Meter vor ihm liegt. **„It's … horrible"**, wiederholt er. Mehr scheint nicht aus ihm herauszubekommen zu sein.

Annies Neugier war noch nie durch ein „don't look" in ihre Schranken gewiesen worden. Vorsichtig nähert sie sich der Kiste. „Peter", ruft sie. „**I think there is a dead body in there.**" Sie legt die Stirn in Falten. „**And it's ... cut up in pieces!**"

„**I didn't kill anyone**", seufzt Henry Wheatly. „**But what if the police don't believe me?**" „**Don't worry, they will believe you**", sagt Peter. „**We have friends at Scotland Yard, we can help you.**" „**Thank God**", entgegnet der Mann erleichtert. „**Maybe it's my lucky day after all.**"

MY LUCKY DAY

Der Glückstag heißt auf Englisch **lucky day** – im Englischen verwendet man also das Adjektiv **lucky** (und nicht das Nomen **luck**) für diese und weitere Zusammensetzungen wie **lucky number** *Glückszahl*, **lucky star** *Glücksstern*, **lucky break** *Glücksfall*.

Einige Zeit später sitzen alle drei in Donald Swansons Büro in Scotland Yard. „**It's all right**", beruhigt auch er den noch immer aufgeregten Kohleträger. „**A murderer wouldn't draw attention to a body in a box. You did.**" Swanson nimmt ein paar Münzen aus seiner Schublade „**Here's a reward for you.**" Als Wheatly gegangen ist, fragt Peter interessiert: „**Is there really a reward for finding bodies?**" „**No**", gibt Swanson zu. „**He just looked like someone who urgently needs some extra money.**"

„**What can we publish so far?**", fragt Peter schließlich. „**Unfortunately, not a lot**", seufzt Swanson. „**A doctor has looked at it, and it's definitely human remains. A woman, from the first look, and ... she's missing her head. Maybe you can ask your readers for missing women? Someone should miss her.**" Swanson schaut in seinen Kalender. „**There will be an inquest on the 10th. Maybe that will tell us more about the cause of death and about who she was.**"

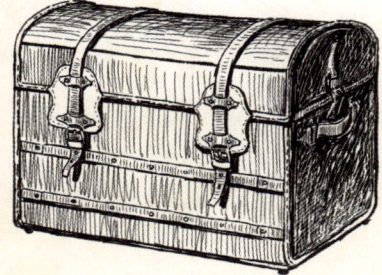

WORTSCHATZ

after all *hier: trotz allem*
to draw attention to sth *die Aufmerksamkeit auf etw lenken*
reward *Belohnung*
urgently *dringend*
extra *zusätzlich*
to publish *veröffentlichen*
unfortunately *leider, unglücklicherweise*
human remains *menschliche Überreste*
she's missing *hier: ihr fehlt*
to miss sb *jdn vermissen*
inquest *Anhörung, Untersuchung*
cause of death *Todesursache*

The Inquest

P eter betrachtet die gedruckte Zeitung. „Well, this was all the information they had. Maybe it will help to solve the mystery."

INQUEST

Die erste Bestandsaufnahme nach einem Todesfall unter verdächtigen Umständen hieß **inquest**. Ein **coroner** und eine **jury** nahmen dabei die bekannten Tatsachen (aus Leichenschau und Zeugenaussagen) auf, am Ende wurde **the manner of death** *Todesart* festgelegt: **natural, accident, homicide** *Mord* oder **suicide** *Suizid*, manchmal auch **undetermined** *unbestimmt*. Oft fanden die **inquests** in Pubs oder anderen (halb-)öffentlichen Räumen in der Nähe des Fundortes statt, wie hier in einem Inn in Barnes.

WORTSCHATZ

mystery *Geheimnis*
to open an inquest *eine Untersuchung eröffnen*
remains *Überreste*
jury *Geschworene*
to view a body *die Leiche betrachten*
ankle *Knöchel, Fußgelenk*
coroner *ermittelnder Beamter*
to identify *identifizieren*
to state *feststellen, verkündigen*
cause of death *Todesursache*
witness *Zeuge, Zeugin*
coal porter *Kohleträger/in*

THE LONDON CRIME COURIER

10 March 1879

The Barnes Mystery

BY PETER WHITTAKER

Mr G. Hull opened an inquest on Monday at the Red Lion Inn, Barnes, on the remains of a woman. These remains were found in a box in the River Thames near Barnes Bridge on the 5th of this month. The jury viewed the body, which had been cut into pieces. The head and a foot and ankle are missing. The woman has not been identified yet. The coroner stated that the body is that of a young person with very dark hair. The cause of death is not known.

The first witness was Henry Wheatly, a coal porter, who discovered the box ...

Annie nickt und arbeitet an einer Zeichnung der Barnes Bridge, nach der der rätselhafte Fall inzwischen in der Öffentlichkeit bekannt ist. „If someone finds the head, everything will be much easier."

„Well, if ...", antwortet Peter. „Maybe the murderer took the head away to make the identification impossible."

„Sure", entgegnet Annie und fügt ihrer Zeichnung des Flusses noch ein paar Enten hinzu. „The ducks are for Rover", kommentiert sie und krault den Beagle hinter den Ohren. Ein verschlafener Laut belohnt sie, dann folgt Schnarchen. „Can you answer the door?", fragt Annie, noch bevor ein lautes Klopfen ertönt. Peter grinst. Annie wirkt zwar oft abwesend, sie hört aber stets, wenn sich jemand der Redaktionstür nähert. „Telegram, Sir", ruft der junge Bote und drückt Peter ein Papier in die Hand.

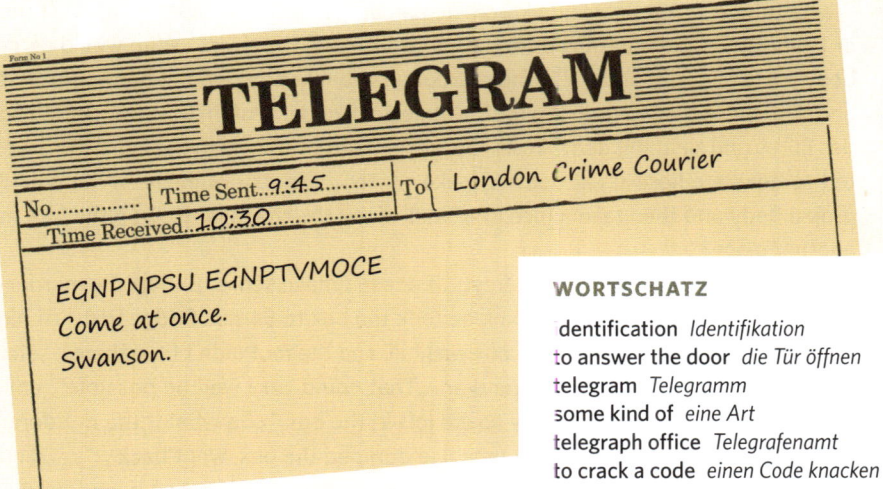

Form No 1

TELEGRAM

| No............... | Time Sent..9:45............... | To { London Crime Courier |
| Time Received..10:30............... |

EGNPNPSU EGNPTVMOCE
Come at once.
Swanson.

WORTSCHATZ

identification *Identifikation*
to answer the door *die Tür öffnen*
telegram *Telegramm*
some kind of *eine Art*
telegraph office *Telegrafenamt*
to crack a code *einen Code knacken*

„Something must have happened. Swanson wants us at Scotland Yard", kommentiert Peter. „But what do the letters mean?" „It must be some kind of code", überlegt Annie. „It must be something important, I'm sure he is in the middle of something ... he didn't want to tell everyone at the telegraph office what it was. But he knows that we can crack a code, can't we?"

 Wie lautet die verschlüsselte Nachricht?

The Scene of the Crime

„The coroner has just confirmed that the missing foot was found this morning", erklärt Donald Swanson Peter und Annie, als sie ihm im Büro gegenübersitzen. „It's not the head, though ...", seufzt Annie. „The foot won't tell us who the person is. And it's unlikely it will tell us anything about the cause of death." „All true", entgegnet Swanson, „but there is an interesting fact that could help us. It's where the foot was found." „So it wasn't found near Barnes Bridge?" „No", antwortet Swanson, „and that's the interesting thing. It was found in a rubbish dump in Twickenham." „Twickenham", sagt Peter und kratzt sich an der Nase. „That must be at least ten or twelve miles from Barnes Bridge if you walk along the river." „Who would carry body parts all over London?" „The murderer probably dropped the heavy box first and then walked on to drop the foot." Annie geht zu der großen Karte an der Wand des Büros und zieht mit dem Finger eine Linie. „That would mean the murderer started somewhere here ..." „It doesn't make sense ...", seufzt Swanson. „Who would drop a body and then take a nice long walk along the river just to drop the foot in another place?"

„You're right", ruft Annie aufgeregt. „It doesn't make sense. „I think the murderer didn't go in a straight line. I think he took the box to Barnes Bridge first." Annie deutet auf die Karte. „Maybe the box was full, and the foot didn't fit in there", setzt sie fort und blickt Swanson fragend an. „That could very well be possible", entgegnet dieser. „There wasn't any space left in the box." „So what if the murderer left the foot at the scene of the crime. He dumped the box, went back ..." „... and couldn't go to the same place again, because by then the box had been found!", ruft Peter aus. „So the murderer must have come from somewhere ... here", sagt er und tippt auf den Stadtteil Richmond, der dort liegt, wo die Themse die Royal Botanic Gardens und den Park von Kew umschließt. „I don't think the scene of the crime is in a park", stellt Annie fest. „Why not?", fragt Peter. „Because the murderer needed time to cut his victim up. He had a box – a nice box – and he could leave the foot when he went away and dropped the box", erklärt Annie ihren Gedankengang. „The

WORTSCHATZ

scene of the crime *Tatort*
to confirm *bestätigen*
unlikely *unwahrscheinlich*
rubbish dump *Müllhalde*
to make sense *Sinn ergeben*
straight line *gerade Linie*
to fit in *hineinpassen*
to dump sth *etw wegwerfen*
to commit a murder *einen Mord begehen*

murder was committed in a house." „And I am sure you are right", nickt Swanson. Alle betrachten die Skizze, die Annie auf der Karte macht. „So the scene of the crime should be nearer to Barnes Bridge", überlegt Peter. „The box was heavy." Annie schüttelt den Kopf: „No, just the opposite. With the body, the panic was bigger. The murderer wanted to get it as far away as possible. Later, he was already tired. And it was ‚only' a foot ... After a whole body, maybe a foot isn't such a big deal any more ..." Mit diesen Worten zieht sie einen Kreis um den etwas näher an Twickenham gelegenen Ortskern von Richmond. „I am sure the scene of the crime is somewhere there", stimmt Swanson zu und zwirbelt gedankenverloren seinen buschigen Schnurrbart.

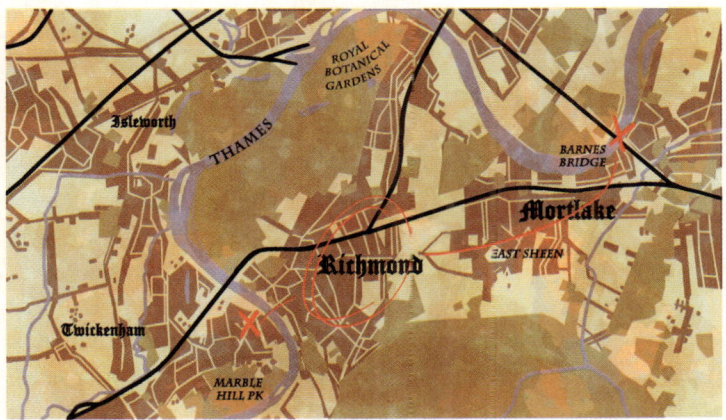

„Let's go for a walk in Richmond, then", sagt Annie und krault Rover am Kopf. „There aren't too many houses there, and maybe someone has seen something." Rover ist schon an der Tür, als Peter und Swanson noch einen letzten Blick auf die Karte werfen.

WORTSCHATZ

just the opposite *ganz im Gegenteil*
panic *Panik*
a big deal *eine große Sache*

A Walk in Richmond

Während Peter noch über einen glaubwürdigen Grund nachdenkt, die Passanten, die auf einem kleinen Platz vor einer Kirche stehen, anzusprechen, ist Annie bereits mitten im Gespräch. „This is such a nice place", hört er sie schwärmen. „You see, Mr Whittaker – my fiancé – and I", sie wirft ihm ein bezauberndes Lächeln zu, das Peters Gesicht augenblicklich erröten lässt, „... we are looking for a house in a nice, safe neighbourhood. It is safe here, isn't it?", fragt sie und blickt fragend in die Runde. „Oh yes, it is safe here", bestätigt eine der Kirchgängerinnen. „So safe that there isn't even a lot to gossip about." „There is something going on between the butcher's boy and the daughter of the Eldritches. My husband saw them in the park together yesterday ..." „And", stimmt eine andere, rundliche Dame ein, „Mrs Thomas has had enough of that impertinent Irish maid of hers." „I've heard she let her go at the end of February." „Yes, I thought so", stimmt jemand ein „but I'm sure I saw her around after that". „Ah well, Miss", wendet sich die erste Dame zurück an Annie „You see, our scandals are not very juicy. Just maids who spend more time at ale houses than working, young people in love, things like that." Annie strahlt Peter an. „This could be the perfect place, don't you think, Mr Whittaker?"

Ein paar Meter weiter flüstert Annie Peter zu: „Now that wasn't a success. We'll have to look for something ... a little juicier. Greed, revenge, betrayal ...!" „Annie", sagt Peter, der noch immer verlegen und verwirrt ist, als Verlobter vorgestellt worden zu sein. „I ..." „Look", ruft Annie in diesem Moment aufgeregt:

RICHMOND

Richmond war im 19. Jahrhundert ein eher dörflicher Ort, in dem sich die Einwohner gut kannten und der entsprechend sicher war. Heute ist Richmond der Stadtteil Londons mit der geringsten Kriminalitätsrate.

WORTSCHATZ

you see *hier: wissen Sie*
fiancé *Verlobter*
neighbourhood *Nachbarschaft*
to gossip *tratschen*
to go on *vor sich gehen*
butcher *Metzger/in*
to have had enough of sth *von etw genug haben*
impertinent *unverschämt*
maid *Hausangestellte*
to let sb go *jdm kündigen*
juicy *saftig; hier: pikant*
greed *Gier*
revenge *Rache*
betrayal *Betrug*

„There's a moving van. They are loading furniture! Let's use our cover story again. Maybe those people will have more exciting stories …"

Sie befinden sich in einer Straße mit gepflegten, zweigeschossigen Häusern. Zwei junge Männer tragen eine Kommode aus dem linken Teil eines Doppelhauses und wuchten sie auf die Ladefläche eines von zwei Pferden gezogenen Wagens. Annie wendet sich an den Mann mittleren Alters, der mit Hut und Mantel neben dem Wagen steht und eine Pfeife raucht. „Sir, excuse me, please", sagt sie und zieht Peter hinter sich her. „Are you moving out of this beautiful house? We want to buy a house just like this one …" Der Mann wendet sich Annie und Peter zu. „Unfortunately not, Miss. I have just bought some furniture from Mrs Thomas who lives here. My name is John Church, I run the Rising Sun in Hammersmith. I need some more things for my pub, and Mrs Thomas offered me these things for a very good price. She's moving away, she said." „So you can't tell us anything about what kind of neighbourhood this is?", fragt Annie enttäuscht. „No, I'm afraid not, Miss", sagt der Mann freundlich. „The people are friendly enough, there's parks and there's pubs …"

Sie werden unterbrochen, als eine zierliche Person aus der rechten Tür des Doppelhauses nach draußen tritt. „Excuse me, Sir", ruft sie und bedeutet John Church, dass sie ihn meint. „What are you doing?" „It's all right", beruhigt der Wirt die offensichtlich aufgeregte Dame. „I have bought some furniture from your neighbour, and I am collecting it now." Da der Blick der Dame weiterhin ungläubig ist, zieht Church ein Papier aus seiner Manteltasche. „This is the receipt", sagt er und reicht ihr das Papier. „How strange …", sagt sie und fügt hinzu. „She never told me anything about leaving … and she hasn't given notice. You see, she's renting her half of the house from me and my mother."

PUBLIC HOUSES

Unzählige Pubs versorgten die Londoner Bevölkerung mit Alkohol. Viele dieser **public houses** waren kleine, private Ausschänke, so auch der Pub von John Church. Ale und Gin flossen reichlich. Paradoxerweise war es per Gesetz verboten, im Pub betrunken zu sein.

WORTSCHATZ

moving van *Umzugswagen*
to load *einladen*
cover story *Tarngeschichte*
to move out *ausziehen*
to run *hier: betreiben*
to move away *wegziehen*
receipt *Quittung*
to give notice *kündigen*
to rent *mieten*

Mrs Thomas

Annies Neugier ist geweckt. „Is she an unreliable lady, then?", fragt sie. „Oh no", ruft die Frau erstaunt. „Not at all. Mrs Thomas is very reliable, very proper. She used to be a schoolteacher, and she is a devout member of the Presbyterian congregation here." Annie fällt auf, dass John Church diesen Eindruck scheinbar nicht teilt. Er öffnet den Mund, doch anstelle von Widerspruch kommt, erleichtert, der Ausruf: „Why don't you ask her herself. She's over there, the woman with the bonnet!", und deutet auf eine Frau mit Haube und schwarzem Seidenkleid, die soeben aus der Haustür tritt.

„That is not Mrs Thomas!", ruft die Nachbarin entrüstet. „That is Mrs Thomas's maid!" Die Frau mit der Haube stößt einen sehr undamenhaften Fluch aus und verschwindet im Haus. Die Tür schließt sich mit einem lauten Schlag. Peter und Annie rennen zum Haus und hämmern an die Tür, doch es gibt keine Reaktion. Die Nachbarin, Mrs Ives, ist bleich geworden, doch auf ihren Wangen bilden sich rote Flecken vor Aufregung: „I'll get the key from my house." Mr Church fügt hinzu: „And I'll try to find a constable." Annie fühlt sich hilflos, während sie auf Mrs Ives und Mr Church warten, doch schon bald sind beide zurück. Mrs Ives hat einen großen Schlüsselbund in der Hand, Mr Church einen jungen Polizisten im Schlepptau. „You are sure that the person in the house really isn't the lady who rents it?", vergewissert sich Letzterer, bevor er mit gewichtiger Miene den Schlüssel nimmt, den Mrs Ives ihm gibt und die Tür öffnet. „We are so stupid!", ruft Peter laut, als die Stille des Hauses ahnen lässt, dass es leer ist. „There is a back door, isn't there?" „Certainly", bestätigt Mrs Ives. „She's probably miles away by now", seufzt Annie. „But why did she run away? Where is the real Mrs Thomas? Could Mrs Thomas be the headless

---

HATS AND BONNETS

Kopfbedeckungen waren im 19. Jahrhundert allgegenwärtig. Sehr populär bei Frauen waren sogenannte **bonnets** *Hauben*, die es mit und ohne Sonnenschild in sehr einfachen, aber auch luxuriösen Varianten gab.

WORTSCHATZ

unreliable *unzuverlässig*
proper *anständig*
devout *fromm*
Presbyterian *presbyterianisch*
congregation *Gemeinde*
constable *Polizist/in*
back door *Hintertür*
to be in one's mid-fifties *Mitte fünfzig sein*

body in the Thames?" Annie denkt kurz nach und fragt dann besorgt: „Is Mrs Thomas a young person with very dark hair?" Die Antwort bestätigt ihren schlimmen Verdacht aber nicht: „Mrs Thomas is in her mid-fifties, and I wouldn't call her hair very dark", sagt Mrs Ives nachdenklich. „Do you think something has happened to her? We haven't seen her for days."

Der Police Constable blickt unsicher in die Runde. „Could you send for Detective Inspector Swanson at Scotland Yard, please?", fragt Peter. „This could be relevant to a case he's working on." Der junge Polizist sieht immer noch verunsichert aus. „It's all right, he knows who we are", erklärt Peter und schreibt dann einen Zettel. „Just send this as a telegram."

> 2 Mayfield Cottages.
> Woman missing.
> Come.
>   Whittaker

Als Swanson kommt, ist er nicht allein. Er hat noch drei Polizisten mitgebracht, die sich daran machen, das Haus zu durchsuchen. Gemeinsam mit Peter und Annie sieht er sich zunächst im Wohnzimmer des Hauses um. Es ist nicht allzu groß und wirkt trotz der bereits von Mr Church entfernten Möbel noch immer recht eng, aber stilvoll eingerichtet und aufgeräumt. Ein Klavier steht an der Wand, der Deckel ist aufgeklappt und ein paar Notenblätter stehen im Notenständer. Swanson betrachtet die wenigen Bilder auf dem Kaminsims. „Not a big family", bemerkt er. „Or at least not close enough to send her expensive pictures." „And the maid didn't clean very well", fügt Annie hinzu, nachdem sie das Sofa und ein Fensterbrett inspiziert hat.

Sie werden aus ihren Gedanken gerissen, als einer der drei Polizisten laut ruft. „We've found something! Come here!"

Swanson, Peter und Annie folgen den Rufen in die Waschküche auf der Rückseite des Hauses. Dort steht ein copper, ein Waschkessel. „We've found some bones, Sir", beginnt der erste Polizist, während ein anderer sie auf einem weißen Leintuch präsentiert. „And we think they are finger bones ... human finger bones."

„**G**ood God, you're right, I believe", stößt Swanson hervor, als er sich über die Knochen beugt, um sie genauer betrachten zu können. „**Boss, there's more.**" Einer der Polizisten, der gerade den Waschkessel untersucht hat, meldet sich mit gepresster Stimme. „**I don't want this to be true.**" Swanson geht zu dem Mann, dessen Gesicht eine grünliche Färbung angenommen hat.

> ### ICH WILL NICHT, DASS
>
> **I don't want this to be true** bedeutet *Ich will nicht, dass das wahr ist.* Im Englischen verwendet man nach dem Verb **want** einen Infinitiv, keinen dass-Satz. **I want you to tell me the truth** (*Ich will, dass du mir die Wahrheit sagst*) oder **I don't want you to touch this** (*Ich will nicht, dass du das berührst*).

„**Here, around the copper**", sagt dieser schließlich. „**There is some fatty material, like … dripping, when someone has slaughtered a pig and boiled it. Mrs Thomas didn't keep any animals, and this is a laundry room and not an abbatoir.**" „**There shouldn't be fatty residue near a wash copper, you're right**", nickt Swanson. Auch er sieht jetzt etwas blass aus.

„**What are you saying? What has happened here?**", fragt Peter verblüfft. „**Hard to believe,**", sagt Swanson tonlos, „**but someone has boiled a human body in this copper.**" Eine Weile ist alles still. Annie, wie immer die Schnellste, meldet sich schließlich zu Wort. „**This could be the reason the coroner was wrong**", sagt sie. „**Wrong about what?**", fragt Peter. „**About the age**", antwortet Annie aufgeregt. „**He thought it was a young person with very dark hair. I guess boiling can change a body a great deal.**" Swanson nickt: „**Looks like we've found our missing Mrs Thomas after all.**"

WORTSCHATZ

bone *Knochen*
human *menschlich*
fatty *fettig*
dripping *Schmalz*
to slaughter *schlachten*
to keep animals *Tiere halten*
laundry *Wäsche*
abattoir *Schlachthof*
residue *Rückstand*
a great deal *sehr stark, sehr viel*

S wanson befragt alle Anwesenden und füllt sein Notizbuch mit der für ihn typischen winzigen Schrift. Schließlich kommt er zu folgender Bestandsaufnahme:

Missing woman: Julia Martha Thomas, widow, 55 years of age, former schoolteacher; rented house at 2 Mayfield Cottages from Mrs Ives, next-door neighbour; employed live-in maid at the beginning of last month. Last seen by neighbours on Sunday.

Maid: Catherine („Kate") Webster, widow. No references. Irish. Wearing dress and jewellery belonging to Mrs Thomas.

Can the missing woman be the body in the box? Coroner wrong? „A young person with very dark hair"?

Did Webster kill Thomas and boil body in copper? Why?

Possible motive?

· DRUGS?
    · BETRAYAL?
        · REVENGE
            · HATE?
                · RANDOM MURDER?

 Welches Motiv hält Swanson für am wahrscheinlichsten?

WORTSCHATZ

widow *Witwe*
former *ehemalige*
next-door *nebenan*
to employ *anstellen*
live-in maid *Hausangestellte, die im Haus wohnt*
residue *Rückstand*
reference *Referenz, Arbeitszeugnis*
motive *Motiv*
hate *Hass*
random *zufällig*

Searching the House

„Quite possible, greed could be it", murmelt Swanson, als er sich seine Idee durch den Kopf gehen lässt und überlegt, ob Habgier das Mordmotiv gewesen sein könnte. „Do you think the maid killed her?" Annie wendet sich fragend an Swanson. „Could a woman have done this?" „We'll have to find out more, but she's a suspect, that much is clear."

„It's also clear that nobody knows a lot about her at all", schaltet sich Peter ein. „We don't even know if her real name is Webster. She's got no references, and she only worked here for a month." „Let's search the house for clues – about her, and about what happened, and maybe why …"

Nach der Waschküche setzen sie ihre Suche im Wohnzimmer fort. „If there are any interesting papers, they are probably in the desk", überlegt Annie, als sie die verschlossene Klappe eines schönen Sekretärs betrachtet. Sie versucht sie zu öffnen, aber der Schreibtisch ist abgeschlossen.

„There is a letter on the piano, between the sheet music", ruft einer der Polizisten. „Strange", kommentiert Annie. „Mrs Thomas seems so neat, everything is in its place. Why did she put a letter behind some pages of sheet music?" „Maybe she hid it when someone entered the room …", überlegt Swanson. „Let's see what the letter says!"

WORTSCHATZ

quite possible *gut möglich*
suspect *Verdächtige/r*
clue *Hinweis*
sheet music *Notenblätter*
neat *ordentlich*
to hide *verstecken*
terrified *verängstigt*
goddaughter *Patentochter*
anxiety *Angstgefühl*
this, too, shall pass *auch das wird vorbeigehen*
prayer *Gebet*

Dearest Julia,
I am so sorry, but I cannot spend the weekend with you. I understand you are terrified, but I have to be at the wedding of my goddaughter in Devon on Sunday. I know how bad anxiety can be, but this, too, shall pass, and I'll be with you in my thoughts and prayers.
Your friend
Dorothy

„So she was terrified of something … Was it the maid? Or something … or someone else?", sinniert Annie.

„Mrs Ives is outside now", sagt Swanson, nachdem er Stimmen vernommen hat. „I'll talk to her."

„She was so proud to have a live-in maid, but that soon changed", erzählt Mrs Ives auf Swansons Nachfragen. „She was not happy with Kate at all. Kate was not punctual, she did not clean well, and sometimes she was drunk during the day … Mrs Thomas did not like it, but Kate went to ale houses all the time. The pub just two houses down the road? The Hole in the Wall? She practically lived there, a lot of people say."

„Did they quarrel a lot?", fragt Swanson. „Yes, we heard it through the wall all the time. Mrs Thomas berated her for forgetting things or not cleaning well enough, and Kate yelled at her."

„Was she afraid of Kate?", fragt Swanson. „Not at first", entgegnet Mrs Ives nachdenklich, „but recently she seemed very nervous. She told me that she gave notice to Kate to leave at the end of February. On Saturday, that was March already, I asked Mrs Thomas why she was still here. Kate had apparently told her that she had nowhere to go and Mrs Thomas said she could stay the weekend."

LIVE-IN MAIDS

Bedienstete waren in der Viktorianischen Zeit eine Annehmlichkeit, die sich – gemessen an heutigen Standards – noch verhältnismäßig viele Haushalte leisten konnten. Jemand, der im Haus lebte, und bis auf einen Nachmittag in der Woche stets zur Verfügung stand, wie eine **live-in maid** oder gar ein Butler (im Gegensatz zu stundenweise bezahlten Haushaltshilfen), war allerdings auch damals schon ein Statussymbol, vor allem für eine alleinstehende Dame aus der eher unteren Mittelschicht, wie Mrs Thomas das war.

WORTSCHATZ

proud *stolz*
punctual *pünktlich*
drunk *betrunken*
ale house *Bierkneipe*
practically *praktisch*
to quarrel *streiten*
to berate sb *jdn zurechtweisen*
to yell at sb *jdn anschreien*
recently *in letzter Zeit*
apparently *scheinbar*
to have nowhere to go *nirgendwo hin können*

„Why did she do that if she was so unhappy with her?" Mrs Ives seufzt: „You see, she felt sorry for her, too." Dann erzählt sie die traurige Geschichte des Dienstmädchens: „Kate Webster had a really hard life. She left Ireland when she was a young girl and married a sailor, a Mr Webster. They had four children. But then her husband died, and all her children, too! She started drinking too much. Finally, she started working for Mrs Thomas in February. Kate was the only servant in the house and she was expected to work very hard and almost all the time."

„Anyway, she was supposed to leave on Monday", fährt sie fort, „but I saw her in the garden on Monday morning. She hung the washing on the clothesline. It was early …"

„Was washing on Monday unusual?", will Swanson wissen.

„No, they always did it on Monday morning, just not so early, before 8 o'clock. And I remember a bad smell."

„Did you see Mrs Thomas on Monday?", fragt Swanson dazwischen.

„No, now that you ask: I saw her on Sunday, before she went to church. She was late, and she seemed agitated. Kate wasn't there to help Mrs Thomas to get ready for church, she was at the pub."

So langsam ergibt sich für den Detective Constable ein Bild: „Did you notice anything else on Sunday evening?"

„Not really. Once, there was a thump, as if a chair fell over, but there was no shouting or anything … no argument or fight, if that's what you want to know …"

Als Mrs Ives gegangen ist, stellt Swanson fest: „I think it is more or less evident what has happened here: Mrs Thomas returned from church on Sunday evening, Webster killed her, cooked her in the copper and packed her remains into a box. Now we have to to find Webster … But where do we start?"

WORTSCHATZ

sailor *Seemann*
servant *Bedienstete/r*
she was expected *es wurde von ihr erwartet*
to hang the washing *die Wäsche aufhängen*
clothesline *Wäscheleine*
agitated *aufgebracht*
thump *dumpfer Schlag*
to fall over *umfallen*
argument *Streit*
evident *offensichtlich*

Sie beginnen in Kate Websters Zimmer. Das Zimmer des Dienstmädchens ist klein und sehr unordentlich: Ein Bett, ein wackeliger Schreibtisch und eine alte Kommode sind das einzige Mobiliar. An einem der Fenster steht eine Waschschüssel auf einem Gußeisenständer, der Wasserkrug steht daneben. Es scheint nicht viele persönliche Gegenstände zu geben, aber nachdem Kate Webster wohl keine Zeit hatte, in Ruhe zu packen, sind alle überzeugt, dass sich irgendwo ein Hinweis auf ihre Identität und damit vielleicht auch auf ihren Verbleib finden muss.

Peter schaut unters Bett. „Just the chamber pot", bemerkt er. „And a lot of dust and some spiders." Dann fällt sein Blick auf den Spiegel zwischen den Fenstern, an dessen Rändern seltsame Zeichen geschnitzt sind.

WORTSCHATZ

chamber pot *Nachttopf*
dust *Staub*

 Wie lautet Kates Familienname?

W enige Tage später veröffentlicht der London Crime Courier den folgenden Artikel:

Murder Suspect Arrested in Ireland

BY PETER WHITTAKER

A suspect has been arrested in the case of the Barnes mystery. Kate Webster, née Catherine Lawler of Killane, maid to Julia Martha Thomas, was arrested in Ireland. Police believe she killed her employer on Sunday, 2 March. The body was cut up with an axe and a razor which the police found in the house. Afterwards she cooked and dismembered it and tried to sink it in the river. The suspect denies everything.

Da dem Artikel ein Aufruf folgte, sich mit weiteren Informationen zu melden, kommen in der Redaktion bald Briefe an.

„A lot of people write that Mrs Thomas was really unhappy with her maid. Some say she was scared to death ... but there are also some who write that Kate was really a very nice person and Mrs Thomas a horrible employer, who was always complaining about everything ...", fasst Annie zusammen, was sie gelesen hat. „If your employer is so terrible, you can just leave", kommentiert Peter trocken. „No need to kill anyone." „True", antwortet Annie. „If she did it ..."

„Do you really have any doubts?", fragt Peter. „I do", sagt Annie nachdenklich.

Es klopft an der Tür, und schon bald lässt sich Swanson auf dem Stuhl am Fenster nieder. „We've got her", seufzt er, „but we still have to prove what happened. First she accused a man named Mr Short ... but he's got an alibi ... Now, she's accusing John Church." „The man who wanted to buy the furniture?", fragt Peter. „Yes. She says he killed Thomas

WORTSCHATZ

to **arrest** *festnehmen*
née *geborene*
employer *Arbeitgeber/in*
axe *Axt*
razor *Rasierklinge*
to **dismember** *zerstückeln*
to **sink sth** *etw versenken*
to **deny** *leugnen, abstreiten*
doubt *Zweifel*
to **prove** *beweisen*
to **accuse** *beschuldigen*
alibi *Alibi*

to get her money and things. We've arrested him, but I am not convinced at all. She also says she thinks he was in love with her and did it because Mrs Thomas did not treat her well." „Do you believe that?", fragt Annie.

„Not really. Church was friendly with Webster, but I don't think he was madly in love with her. Anyway, we have to find out where he was and what he was doing when Mrs Thomas disappeared."

Währenddessen hat Peter den Poststapel weiter durchgesehen. „I have just opened another letter, which is ... well, rather disgusting. I think you should see it." „What letter?", fragt Annie erstaunt. „I've just read it myself", antwortet Peter und legt eine einzelne Seite vor Annie und Swanson auf den Tisch.

IRISH MAIDS

Nicht zuletzt seit der großen Hungersnot der 1840er Jahre in Irland versuchten zahlreiche Iren in England oder Schottland Arbeit und ein besseres Leben zu finden. Den Einwanderern wurde mit Fremdenfeindlichkeit und Klischees begegnet, ihre Jobs waren schlecht bezahlt.

Dear Editors,
I am a neighbour of Mrs Thomas and I want to report that Mrs Webster, the maid, came to my house on Monday evening to offer me two pots of lard. I didn't accept it, because I did not know where the lard came from. Mrs Thomas did not keep any pigs. I also heard that Webster tried to sell the lard to a nearby pub later. I did not think anything of it at the time, but now, with great horror, I wonder if the „lard" was from cooking the body of Mrs Thomas ...."

„If that's true, it's ...", Swanson fehlen die Worte. „ ... disgusting!", beendet Peter den Satz für ihn. „We don't know if it is true. You know", erklärt Swanson „after a murder people tell all kinds of stories to look important. That's our experience at the police."

An diesem Abend sitzen Peter und Annie noch lange in der Redaktion.

WORTSCHATZ

to convince *überzeugen*
to treat *behandeln*
madly in love *völlig verliebt*
rather *ziemlich*
disgusting *ekelhaft*
editor *Redakteur/in*
lard *Schweineschmalz*
nearby *nahe gelegen*
with great horror *mit großem Schrecken*
to wonder *sich fragen*
all kinds of *alle möglichen*
experience *Erfahrung*

A Confession

„She has confessed", verkündet Swanson am Tag darauf. „Why?", ruft Annie erstaunt. Swanson erzählt: „She says she couldn't take it any longer. Mrs Thomas was not a good person to work for, her work was never good enough. When she came home on Sunday, they had an argument. Mrs Thomas hit Kate, Kate pushed back, and Mrs Thomas fell down the stairs. She was badly injured. Kate panicked and strangled her. Afterward she had to get rid of the body." „That's a sad story really", sagt Annie bedrückt. „If you believe her version of the story", entgegnet Swanson. „And I am not sure that I do. Anyway, I have to go now. I will let you know if anything happens."

Annie ist unzufrieden. „I am not sure if it was murder ... maybe it was just an accident, like she said." „No", antwortet Peter. „I am sure she's guilty." „It's all circumstantial evi-

WORTSCHATZ

confession *Geständnis*
to confess *gestehen*
she couldn't take it any longer *sie konnte es nicht mehr aushalten*
injured *verletzt*
in trouble *in Schwierigkeiten*
to panick *in Panik geraten*
to strangle *erwürgen*
to get rid of *loswerden*
version *Version*
circumstantial evidence *Indizienbeweis*
guilty *schuldig*
to hang sb *jdn hängen*
proof *Beweis*

I know Kate planned the murder. I can't go to the police. If you really want to know...

∨
· BUTTER
· POTATOES
· ONIONS   LNZBJLDFQS
· VINEGAR
· CHEESE
· TEA

◤ SUGIQSDFDF ◼

dence", antwortet Annie. „They'll hang her, and there is no proof ..." Peter schweigt. Auch ihn beschäftigt der Gedanke. Plötzlich hören alle ein kratzendes Geräusch an der Tür. Annie reißt die Tür auf, doch der Flur ist leer. Auf dem Boden liegt ein Stück Papier. Annie bückt sich und hebt es auf.

☞ Wen müssen die Ermittler für den entscheidenden Hinweis befragen? Der Code gibt die Seitenzahl an, auf der das Finale des Kapitels zu finden ist.

CHAPTER 4

A SEASIDE MYSTERY

THE WEST PIER — BRIGHTON

A Morning in Brighton

Annie lässt den Blick über den breiten Strand schweifen. Obwohl die Morgenluft noch kühl ist, stehen schon ein paar Dutzend **bathing machines** im Wasser. Ein paar der hölzernen Strandhäuschen auf Rädern werden gerade von Pferden in Position gebracht, damit wasserliebende Damen möglichst trockenen Fußes eintreten, ein Badekleid anlegen und auf der Meerseite über eine Treppe ins seichte, kühle Nass treten können. Annie befindet sich auf der Frauenseite des Strandes, hier hat auch Tante Lucinda eine **bathing machine**. Männer baden – wie überall üblich – in angemessener, sichtgeschützter Entfernung. Annie plant, am Nachmittag ein geruhsames Bad zu nehmen, doch zunächst soll Rover einen ordentlichen Spaziergang bekommen.

> ### BADEN
>
> William Buchans einflussreiches Buch „Domestic Medicine" von 1769 empfahl das Bad im Meer zur Heilung einer Reihe von Krankheiten. Im 19. Jahrhundert wurden Wasserkuren immer beliebter – die Blütezeit der englischen Seebäder begann.

Interessiert betrachtet Annie die Läden. Brighton ist, seit der Prinzregent und spätere König George IV es zum königlichen Badeort erkor, ein Touristenmagnet. Annie liebt es, am Royal Pavillon spazieren zu gehen und die indisch anmutenden Kuppeln und Türmchen zu betrachten. Wie gerne hätte sie die prächtigen Räume gesehen, in denen einst der König Gäste empfing. „**It's a pity the Queen does not come here**", überlegt Annie. Zu gerne hätte sie Königin Victoria einmal aus der Nähe gesehen. Doch diese hat das königliche Sommerdomizil schon vor einigen Jahren nach Osborne House auf der Isle of Wight verlegt und den Royal Pavillon der Stadt Brighton verkauft.

„**I have to admit, it really is a bit crowded here**", sinniert sie weiter. Gerade jetzt im Sommer sind die Straßen voll von Ausflüglern. Manche kommen für einen einzigen Tag, andere haben gespart und bleiben eine ganze Woche. Und wer es sich leisten kann – wie Annies Tante Lady Lucinda Sinclair – verbringt den ganzen August hier. „**But I really like the shops with all the nice things for the visitors.**" Da so viele Besucher nach Brighton kommen – über eine Viertelmillion im Jahr sollen es sein –, gibt es ein reiches

WORTSCHATZ

It's a pity *es ist schade*
to admit *zugeben*
crowded *überlaufen, voll*

Angebot an Andenken, Geschenken und Leckereien. Ein Tag am Meer ist etwas Besonderes, sogar die ganz Sparsamen geben hier gerne etwas Geld aus.

Einer der Läden hat es Annie besonders angetan: „John Maynard – Confectioner's" steht in goldenen Lettern auf dem Glas über der Eingangstür. Drinnen locken allerlei Süßigkeiten in sauber beschrifteten Gläsern. Unter hohen Glasglocken liegen kleine Törtchen und mit Schokolade überzogene Marshmallows. an einem Glas prangt die verführerische Aufschrift „Special Offer".

„Good morning, Miss", grüßt eine junge Frau in einer rüschenverzierten schneeweißen Schürze mit einem passenden Häubchen auf dem Kopf und strahlendem Lächeln. „What can I do for you?" „I'd like some chocolate limes, please, and ...", Annie überlegt. „Well,

> ## CONFECTIONER
>
> Heutzutage, wo Süßigkeiten meist industriell hergestellt werden, trifft man den Beruf des **confectioner** meist in der Bedeutung *Konditor* an. Im 19. Jahrhundert waren aber auch Bonbon- und Süßwarenhersteller zahlreich vertreten – vor allem dort, wo mit zahlungsfreudiger Kundschaft zu rechnen war.

and I guess some chocolate creams won't kill me." Das eben noch strahlende Lächeln der Verkäuferin weicht einem starren Blick. „Now, why would you say that?", fragt sie mit ein wenig zu schriller Stimme. „Nothing really", entgegnet Annie schnell. „I just feel bad when I eat too many sweets." Das Lächeln ist zurück, als wäre es nie weg gewesen. „You just mustn't eat all your sweets at once." „But that", lächelt Annie zurück „is much harder than you think."

WORTSCHATZ

special offer *Sonderangebot*
chocolate limes *Bonbons mit Zitrus-Schokoladengeschmack*
chocolate creams *gefüllte Pralinen*
I guess *ich glaube, ich denke*
I feel bad *ich fühle mich schlecht*
all at once *alle auf einmal*
much harder *viel schwieriger*

Poisoned Treats

Mit einem fröhlichen „**Good morning, Aunt Lucinda**" betritt Annie das Frühstückszimmer in dem großzügigen Appartment, das sie während des Ferienmonats mit ihrer Tante teilt.

WORTSCHATZ

trouble *Ärger, Probleme*
something is wrong *etwas stimmt nicht*
as if she had seen a ghost *als ob sie einen Geist gesehen hätte*
to drop dead *tot umfallen*
to prove sth *etwas beweisen*
inquest *Anhörung, Untersuchung*
guilty *schuldig*
investigation *Untersuchung, Nachforschung*
inherit *erben*
of yours *dein(e/n)*
to propose *einen Antrag machen*
coincidence *Zufall*

„**Tea?**", fragt Tante Lucinda und bedeutet Annie mit einer ausladenden Geste am Frühstückstisch Platz zu nehmen. „**Yes please**", anwortet diese und streckt ihrer Tante die Zeitung entgegen, die sie kurz zuvor bei einem Zeitungsjungen erstanden hat. „**How wonderful**", ruft Tante Lucinda aus, als der Zeitung auch noch die Schachtel mit Chocolate Creams folgt. „**I see you were at John Maynard's**", entnimmt sie der Aufschrift auf der Verpackung. „**That's an excellent confectioner.**" „**Yes, Madam**", mischt sich Lucy, das Dienstmädchen ein, „**but they had some trouble earlier this year.**" „**Trouble?**", fragt Annie interessiert. „**I thought something was wrong. I just said ,A couple of chocolate creams**

won't kill me!', and the shop assistant looked as if she had seen a ghost." „**Well, maybe she did**", sagt Lucy mit dramatischem Zittern in der Stimme. „**You see, in June, a little boy died. He ate a chocolate cream from Maynard's, got sick and dropped dead.**" Lucys Augen sind weit aufgerissen, ganz augenscheinlich genießt sie es, eine solche Geschichte zum Besten geben zu können. „**Why is the shop still open then?**", fragt Annie überrascht und schiebt die Schachtel zur Seite. „**Oh, they started an investigation, but couldn't prove anything ...**", ruft Lucy. „**There was an inquest, and they said Maynard wasn't guilty, and the death was an accident.**" „**What are you doing?**", ruft Annie entsetzt, als sie sieht, wie sich Tante Lucinda genüsslich eine der Chocolate Creams in den Mund schiebt. „**Don't worry, dear**", sagt Tante Lucinda gelassen. „**If I die you'll inherit a lot of money, and you can go back to London and be a reporter and marry that young man of yours ...**" Annie errötet. „**I don't want all your money. And I am a reporter. And anyway ... Mr Whittaker hasn't proposed.**" „**Yet**", fügt Lucinda lächelnd hinzu. „**I don't think he's going to ... We're just**

colleagues", protestiert Annie. „Oh, don't worry, he will", schnurrt Lucinda und schlägt die Zeitung auf. „Now that's a strange coincidence!", ruft sie nach einer Weile überrascht aus. Annie blickt fragend von dem Zeichenblock auf, auf dem sie gerade die übrigen Chocolate Creams skizziert. „More poisonings!" „Chocolate creams from Maynard's?" fragt Annie angespannt. „No, not at all. Look here!"

WORTSCHATZ

poisoning *Vergiftung*
borough *Bezirk*
unknown *unbekannt*
parcel *Päckchen*
poison *Gift*
chief constable *Polizeichef/in*
reward *Belohnung*
arrest *Festnahme*
conviction *Verurteilung*
offender *Straftäter/in*

BOROUGH OF BRIGHTON. - TWENTY POUNDS

An unknown person has sent parcels of fruit, cakes and sweets to different Brighton families. The food in these parcels contained high amounts of poison. Anyone who can offer relevant information, please contact George WHITE, Chief Constable, Police Office, Town-hall, Brighton. A reward of £20 will be paid for information that leads to the arrest and conviction of the offender.

„Interesting", murmelt Annie. „And I thought I was on holiday."

 Annie schaut weiterhin konzentriert auf ihren Zeichenblock, obwohl sie den Stift schon weggelegt hat. Was geht ihr wirklich durch den Kopf?

An Eye Witness

Am nächsten Morgen ist Annie früh auf den Beinen, um mit ihren Ermittlungen loszulegen. Sie möchte mehr über die verschiedenen Vergiftungsfälle herausfinden und macht sich auf den Weg in die Stadt.

> ### HAPPY AS A CLAM
>
> Warum sollte **a clam** *eine (Venus-)Muschel* glücklich und zufrieden sein? Die heute noch gebräuchliche Redewendung hieß ursprünglich **„happy as a clam in high water"**. Und was könnte man sich als Muschel schon mehr wünschen als einen schönen hohen Wasserstand?

„More poisonings!", ruft ein Zeitungsjunge im Spring Garden. „Read all about it! More poisonings!" „Really?", fragt Annie den etwa elf Jahre alten Jungen. „Yes, there was another parcel found!", antwortet dieser und fügt geschäftstüchtig hinzu: „You'll have to buy the paper if you want to know more!" „All right, I'll buy one", lächelt Annie, „but I guess you know a lot more than what's in there." Der Junge nickt eifrig. „I was almost poisoned myself, you know." Annies Blick ist wohl etwas ungläubig, also beginnt der Junge zu erzählen. „It's true. My friend, his name's Benjamin Coultrop, he sells papers, just like me. One day – that was in April – a lady talks to him, and sends him to a shop to buy something for her, and then she says he's such a nice boy and gives him a whole bag of chocolate creams! That has never happened to me …" Schnell verkauft der Junge einem Passanten eine Zeitung und setzt seine Geschichte fort. „Anyway, Benji was happy as a clam, and he ate some of them. Then he came over to me, to share. I tried one. It tasted weird. Like a penny, metallic. I spat it out. Benji was almost angry. He shouted at me: ,Joey, this is a perfectly good chocolate!' And then he became ill, just about ten minutes later. He threw up, and he looked like death. I took him home to his mother, and I sold the rest of his newspapers for him. You can't let newspapers go to waste." „What happened to Benjamin?", fragt Annie dazwischen, um ein längeres Gespräch übers Zeitungsgeschäft zu verhindern. „Is he all right?" „He's all right", bestätigt der Junge. „But he was really sick for a whole week, and his mother was so worried

WORTSCHATZ

poisoned *vergiftet*
weird *seltsam*
metallic *metallisch*
to spit *spucken, ausspucken*
to throw up *sich übergeben*
to let sth go to waste *etwas verkommen lassen*

that she took him to the hospital. They didn't know what was wrong with him … but it doesn't matter, he's all right now". Annie zieht die Tüte mit den Chocolate Limes aus ihrer Tasche. „Did the bag look like this?", fragt sie. Der Junge reißt die Augen auf. „I won't eat anything!", ruft er. „Don't worry, I'm not offering you any", lächelt Annie, „but do you remember if the bag looked like this?" „Yes", sagt der Junge nickend, „exactly like that."

„You know", fügt er mit einem leichten Stirnrunzeln hinzu „a girl from my school was sick, too. Her mother said it was a bad stomach infection, but nobody else caught it." „Very suspicious", denkt Annie sofort.

Sie kann es kaum glauben: Könnte es sich bei dem Täter tatsächlich um eine Frau handeln? Zuhause schreibt sie einen langen Brief an Peter, in dem sie einige Wörter besonders hervorhebt.

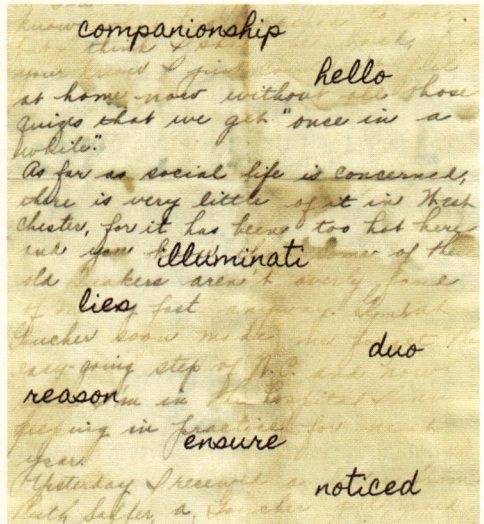

NEWSBOYS

Newsboys waren schon als Kinder selbstständige Unternehmer: Sie kauften Zeitungen in einem Zeitungsladen, um sie dann – für einen kleinen Gewinn – weiterzuveräußern. Wer gut reden und seine Zeitung anpreisen konnte, war dabei klar im Vorteil.

WORTSCHATZ

stomach infection *Magen-Darm-Infekt*
to catch sth *hier: sich mit etw anstecken*
suspicious *verdächtig*
companionship *Gesellschaft*
illuminati *Illuminati*
duo *Duo*
to ensure *sicherstellen*
to notice *bemerken*

 Peter kennt all ihre Methoden, Botschaften vor fremden Augen zu verstecken. Sie hofft, dass er auch diesmal alles von vorne und danach von hinten genau betrachtet. Was teilt Annie Peter mit?

A Most Painful Poison

POISON

Giftmorde waren in der Viktorianischen Zeit an der Tagesordnung. Das lag nicht zuletzt daran, dass Gifte für verschiedenste Zwecke verwendet wurden und problemlos erhältlich waren. Arsen beispielsweise war allgegenwärtig: in Hautcremes, Fliegenpapier und Schädlingsbekämpfungsmitteln. Entdeckt wurden die Morde häufig nicht, da die Symptome einer Arsenvergiftung einer Gastritis ähneln. In Zeiten schlechter Lebensmittelhygiene waren Magenerkrankungen keine Seltenheit und mitunter lebensbedrohlich.

WORTSCHATZ

painful *schmerzhaft*
to suffer *leiden*
innocent *unschuldig*
strychnine *Strychnin*
horrible *furchtbar*
arsenic *Arsen*
to have sth in common *etw gemeinsam haben*
tasteless *ohne Geschmack*
damage *Schaden*

Nachdem Annie den Brief abgeschickt hat, macht sie sich auf den Weg zur Polizeiwache im Rathaus. Bei der Polizei wird Annie an Detectiv Inspector Gibbs verwiesen, der sich um den Fall des kleinen Jungen kümmert. Gibbs ist ein breiter, hochgewachsener Mann mit feuerrotem Haar und riesigen Händen, die den Bleistift, mit dem er sich Notizen macht, zu zerbrechen drohen. „This is serious", sagt er schließlich, als Annie die Geschichte des Zeitungsjungen dargelegt hat. Seine Stimme ist viel sanfter, als sein Körperbau vermuten ließe. „Who poisons children with chocolate creams?", fragt er leise und schüttelt den Kopf. „Is the confectioner suspicious?", fragt Annie. Gibbs schüttelt den Kopf: „We thought so, but it doesn't make sense ... his business is suffering because of the poisonings. You can talk to him yourself, but I am quite sure he's innocent. Anyway, if your newsboy is right, we're looking for a woman."

„What kind of poison was in the chocolate creams?", fragt Annie schließlich. „Strychnine", antwortet Gibbs mit einem leichten Schnauben. „Horrible stuff. Extremely painful ... has a bad taste ..." „Was there strychnine in the parcels, too?", will Annie wissen. „No, that was arsenic", sagt Gibbs und kratzt sich an der Nase. „So maybe the two cases have nothing in common at all." „Which of the poisons is worse?", fragt Annie. „Hard to say. Arsenic is tasteless. Most people will spit out strychnine before it can do too much damage

– so maybe arsenic is worse. But if you swallow the strychnine – it's really bad ..." Er beginnt zu erklären, wie das Strychnin zu schrecklichen Muskelkrämpfen führt, bei denen sich der ganze Körper in einem großen Bogen nach hinten überstreckt. „But any poison that kills is bad enough", beendet er seinen Vortrag.

„Inspector Gibbs", meldet sich ein junger Polizist im Türrahmen „we've got some more." Dabei hält er zwei der inzwischen allzu bekannten Tütchen aus Maynards Laden hoch. „Were these bags left in shops, like before?", fragt Gibbs. „Yes, one in a baker's and one in a tea room. No idea if they contain poison. I'll take them to our chemist. He can tell us."

An diesem Nachmittag begleitet Annie Tante Lucinda zum Baden, doch so recht entspannen kann sie dabei nicht. „It doesn't make any sense", sagt sie immer wieder. „Why? And who?"
„I must talk to John Maynard", sagt sie schließlich, verabschiedet sich von Tante Lucinda und zieht sich im Inneren der Bathing Machine um.

WORTSCHATZ

to swallow *schlucken*
baker's *Bäckerei*
tea room *Teestube*
no idea *keine Ahnung*
to contain *enthalten*
chemist *Chemiker/in*

PLASTER OF PARIS

Plaster of Paris ist Kalziumsulphat, bekannt als Gips, wie er für Gipsverbände verwendet wird. In Großbritannien gab es in den 1800ern eine hohe Zuckersteuer, die dazu führte, dass es üblich war, Zucker zu strecken – meist mit Gips. Das ist zwar nicht schmackhaft, aber ungiftig.

NO PUN INTENDED

Puns, Wortspiele, spielen eine große Rolle im englischsprachigen Humor. Oft entsteht etwas Witziges durch die Doppelbedeutung eines Wortes. Maynards **„the poisonings are killing me"** ist im übertragenen Sinne wie auch wörtlich zu verstehen. Sein Kommentar **„no pun intended"** ist daher als *„und das ist jetzt wirklich kein Witz"* zu verstehen.

WORTSCHATZ

reputation *Ruf, Ansehen*
homemade *hausgemacht*
honest *ehrlich*
ingredient *Zutat*
pest control *Schädlingsbekämpfung*

Schon bald steht sie im Laden des Süßwarenherstellers, und sie hat Glück. John Maynard ist da und bereit mit ihr zu sprechen. „These poisonings are killing me. No pun intended", sagt er seufzend, als er Annie einen Stuhl in der Küche hinter dem Laden zurechtrückt.

„I have been a confectioner for 28 years, and I have – well, I had – a very good reputation." Annie nickt – genau das hat sie gehört. „Anyway", fährt Maynard fort „I take my homemade sweets very seriously. I only use honest and good ingredients, I never add plaster or anything ... so my sweets are a little more expensive, but people know – well, knew – they are of excellent quality." „Do you use any poisons for pest control?", fragt Annie. „No", antwortet Maynard. „A lot of people do, but my pest control is lying over there", und er deutet auf eine kräftige getigerte Katze, die in der Ecke der Küche ein Nickerchen macht.

„I am afraid I'll have to close the shop if this doesn't end soon", sagt Maynard mit tonloser Stimme. „Would you like one?", fragt er und nimmt die Glasglocke von einem kleinen Tablett, auf dem Pralinen verschiedener Sorten liegen. Eigentlich will Annie ablehnen, doch selten hat sie einen hoffnungsloseren Blick gesehen. „Well, a chocolote cream won't kill me – I hope", schießt ihr durch den Kopf. Beherzt greift sie nach einer Praline und beißt hinein. Der Geschmack ist wundervoll.

In London

Peter legt den soeben gelesenen Brief mit einem Stirnrunzeln auf den Tisch. Wo Annie da wohl wieder hineingeraten ist? „Should I go to Brighton?", fragt er sich. „Anyway, Annie wants me to write about this", sagt er sich schließlich und macht sich ans Werk.

Mysterious Poisonings in Brighton

BY PETER WHITTAKER

The town of Brighton has recently been shocked by a series of poisonings. After the death of 4-year-old Sidney Barker in May, other incidents have been reported. A Brighton newsboy was very sick after a lady offered him chocolates in Spring Gardens. The boy recovered. He said that the chocolates had a metallic taste. There are rumours that other children have been given poisoned chocolates by the same lady. Police suspect that the chocolate contained strychnine, but there is no proof. Last week a number of Brighton families received parcels with sweets, fruit and cake. Some people who ate some of the food became very ill. The remainder of the presents were examined by the police: They contained high amounts of arsenic. It is still unclear if all the poisonings are connected, but one thing is clear: Brighton is not safe.

Nachdenklich überfliegt Peter den gedruckten Artikel und macht sich auf den Weg.

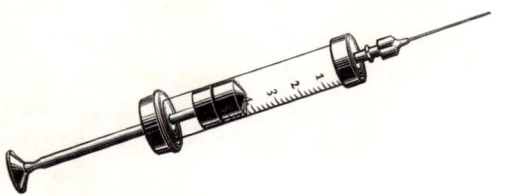

WORTSCHATZ

recently *kürzlich, in letzter Zeit*
to shock *schockieren*
series *Reihe, Serie*
incidents *Vorfälle*
to recover *sich erholen*
rumour *Gerücht*
to receive *erhalten*
to suspect *den Verdacht haben*
high amounts *große Mengen*
remainder *Rest*

The Chemist

A nnie merkt, dass ihre Entscheidung, eine Praline zu probieren, wie Balsam auf die Seele des Confectioners gewirkt hat. Deutlich gelöster erzählt er weiter: „Nobody has ever complained about my chocolates – not until the little boy died. And then one day, a lady came to the shop and told me that she and a friend had been ill after they had eaten some of my chocolate creams! I told her I was sure that my chocolates were fine, but we could go to a chemist's shop, a man called Julius Schweitzer, not far away from here. The lady, a Mrs Edwards, I think, gave him the chocolates … and there was strychnine in them. I have no idea how that happened."

Maynard greift nach seinem Hut. „You know, let's go there now. He can tell you more about everything, and I really want to find out what's going on …"

J ulius Schweitzer ist ein schmächtiger Mann mit weißgrauem Spitzbart und schütteren Haaren. Auf seiner Nase klemmt eine bügellose Brille. Als Annie und Maynard seinen Laden betreten, schaut er auf und nickt. „Mr Maynard, good morning!", begrüßt er seinen Gast, der ihn anschließend mit Annie bekannt macht. „I'm afraid the police found some more of your chocolates – with strychnine inside." Maynard sackt sichtlich in sich zusammen. „Look here – this is a sample with strychnine – and that is one without the poison." Der Chemiker erhitzt und verdünnt beide Proben, bevor er sie in Glaskolben gibt. Dann gibt er eine weitere Flüssigkeit hinzu. „You see that the sample with strychnine turned red. I now add some phosphomolybdic acid … look how it turns blue …" Fasziniert schaut Annie zu, wie der Chemiker das unsichtbare Gift sichtbar macht. „Have you got any idea how the poison got into the

---

FORENSISCHE TOXIKOLOGIE

Während Giftmörder in den 1700ern oft noch ungeschoren davonkamen, weil die Nachweise für das Gift fehlten, waren ihnen ab dem 19. Jahrhundert die Toxikologen auf den Fersen: Mathieu Orfila schuf die Grundlagen, und bereits 1836 gab es einen chemischen Nachweis für Arsen-Vergiftungen.

WORTSCHATZ

to complain *sich beschweren*
no idea *keine Ahnung*
sample *Probe*
phosphomolybdic acid *Phosphormolybdänsäure*

chocolate?", fragt Annie. „Not at all", antwortet Schweizer. „Strychnine does not really dissolve in water, a little better in alcohol, but also not really well. Mostly, it's a powder." Annie versteht, was der Chemiker sagen will: Das Gift kann nicht einfach über eine flüssige Zutat in den Pralinen gelandet sein. „Maybe it was in the sugar or cocoa powder?", fragt sie. „Possible", antwortet er. „How difficult is it to get strychnine?", fragt sie aufgeregt. „It is still easy enough", sagt Schweitzer und streicht sich eine Haarsträhne aus der Stirn. „But", fährt er fort und zählt an den Fingern ab: „You must be known to the pharmacist. You must bring a witness, who also knows you. You must give a good reason why you need the poison", und der vierte Finger: „You must sign a poison book." Er fügt nach einer kleinen Pause hinzu: „The interesting thing about the chocolates is: The poison is only in some, not in all of them." Annie nickt. So langsam bestätigt sich, was sie schon länger vermutet hat. Mit konzentriertem Blick auf die Apparaturen und Notizen des Chemikers versucht sie, herauszufinden, in welchem Kolben sich das Gift befindet.

> ### POISON BOOK
>
> Die Anforderung an Apotheker, ein **Poison Book**, also ein Verzeichnis über den Verkauf von Giften (Arsen, Strychnin, Zyankali und Mutterkorn) zu führen, war seit 1868 verpflichtend.

WORTSCHATZ

to dissolve *sich auflösen*
powder *Pulver*
cocoa powder *Kakaopulver*
to be known *bekannt sein*
witness *Zeuge, Zeugin*
pharmacist *Apotheker/in*
witness *Zeuge, Zeugin*

 Welcher Bestandteil ist mit dem Gift gleichzusetzen?

Pharmacies

Die Pralinen wurden also gezielt vergiftet. Annie könnte schreien vor Aufregung: Wenn jede Apotheke ein Giftbuch führen muss, dann steht irgendwo der Name der gesuchten Person schwarz auf weiß auf einer der Seiten! Jetzt gilt es nur noch, die richtige Apotheke und damit das richtige Giftbuch zu finden! Zurück im Haus von Tante Lucinda macht sich Annie mit Hilfe eines der Hausmädchen eine Liste. Fünf Apotheken stehen darauf.

PHARMACY

Apotheken im heutigen Sinne waren im 19. Jahrhundert gerade erst im Entstehen. Sie verkauften nicht nur allerlei Heilmittel und Chemikalien für den Hausgebrauch, sie berieten auch, behandelten Patienten und erfanden eigene Medikamente, einige Apotheker zogen auch Zähne. Die medizinische Anlaufstelle **Pharmacy** war umso wichtiger, als sich viele Menschen den Gang zum Arzt nicht leisten konnten. Sicher war das nicht unbedingt: Erst ab den 1860er Jahren mussten Apotheker ihre Kenntnisse in einer Prüfung nachweisen.

WORTSCHATZ

stuff *Zeug*
sb has run out of sth *etw ist einem ausgegangen*

Die erste Apotheke, die Annie besucht, bringt leider keine neuen Erkenntnisse. Kleine Glöckchen erklingen, als Annie die Tür zu ihrer zweiten Adresse öffnet, doch das Innere des Ladens wirkt enttäuschend. Die Regale sind nahezu leer, an einer Wand stapeln sich Kisten. „I'm sorry, my pharmacy is closed", wendet sich ein schmächtiger Mann an Annie und wuchtet eine weitere Kiste auf einen hohen Stapel. Annie schaut sich um und nickt. **„I see, but maybe you can help me anyway. I'm looking for places that sell strychnine."** Der Mann hält inne und sieht Annie erstmals direkt an. **„You are the second lady to ask me that. I already told the first one: I don't have any strychnine. That stuff is dangerous." „What did she say she needed it for?"**, fragt Annie neugierig. „Said her husband was a pharmacist, too, and he had run out." „Interesting", murmelt Annie und platzt dann laut heraus: **„Do you remember the name of her husband's pharmacy?" „Sorry, I don't."** Der Apotheker schüttelt ungeduldig den Kopf in Richtung der Kisten. **„My father has died and I have to move to Kent. My mother needs help with the family business. Anyway, I sold her the rest of my arsenic for a good price, and**

I haven't seen her since." „So there should be an entry for that in your poison book", merkt Annie hoffnungsvoll an, doch die Miene des Apothekers lässt ihren Optimismus sofort schwinden: „Do you think I have time for a poison book these days? I think you should leave now, I've got work to do."

A ls Annie den Laden verlassen hat, betritt sie einen Tea Room und setzt sich an einen Tisch am Fenster. Bei Tee und Scones macht sie folgende Einträge in ihr Notizbuch:

Poisonings:
strychnine in chocolates   Sidney Barker
                              Benjamin Coultroup
                              lady in M's shop (Mrs Edwards?)

                              cases related???

arsenic in parcels

victims random?
intent to kill?
parcels to specific people: why?

Annie starrt ratlos auf ihre Aufzeichnungen: „Why would anybody poison random people?" Dann nimmt sie ihren Bleistift und streicht die Fragezeichen hinter „cases related" mehrmals durch. Sie ist sich sicher, dass sie nun den Grund dafür kennt, warum statt Strychnin plötzlich Arsen zum Einsatz kam. „I must talk to Inspector Gibbs!", sagt sie sich schließlich, und schon bald sitzt sie dem Polizisten auf der Polizeiwache von Brighton gegenüber.

Als Annie dargelegt hat, wie sie sich den Wechsel von Strychnin zu Arsen erklärt, nickt Inspektor Gibbs bedächtig. „We have found the pharmacist who sold the strychnine", erklärt er zu Annies Überraschung. „He's a dentist and pharmacist called Isaac Garrett. A woman bought the strychnine at his shop." „Who is it? Have you arrested her?", platzt

WORTSCHATZ

related *zusammenhängend*
random *zufällig*
intent *Absicht*
specific *bestimmt(e)*

Annie heraus. „No, unfortunately not ... yet", antwortet Gibbs. „The woman signed the poison book as Mrs Wood of Hillside, but that's a false name." Annie rümpft die Nase. Gefährliche Gifte sollen nur an Personen verkauft werden, die ein Apotheker kennt. „So Garrett did not know this woman – why did he sell poison to her?" „Oh, he knew her, she came to his shop often enough – he just didn't know her real name. He was so conscientious as to get a witness. Unfortunately, the witness also knew the woman as Mrs Wood ..." „So no help there", seufzt Annie.

„You know", sagt sie nach einer Weile, „I would like to talk to the recipients of the poison parcels. Maybe they are random – but if they aren't ... I'd like to find out if there's any connection between them." „We have talked to all of them", antwortet Gibbs, „but if you would like to try for yourself ..." und gibt ihr eine Liste, auf der vier Namen stehen.

> Cordy Burrows, Mayor
> Charles Curtis, Newspaper Editor
> Dr Charles Beard, General Practitioner
> Miss Christiana Edmunds, Spinster

Annie betrachtet die Namen, als sie die Polizeiwache verlassen hat. Der Zeitungsverleger und der Bürgermeister ... „Makes sense if someone seeks attention. But why attack a doctor or a single lady?" Annie beschließt, zunächst Dr Beard aufzusuchen. Als sie an Dr Beards Haus ankommt, findet sie ein Schild vor:

> Surgery closed. Doctor will be back on Thursday.

WORTSCHATZ

conscientious *gewissenhaft*
recipient *Empfänger/in*
mayor *Bürgermeister*
newspaper editor *Zeitungsverleger/in*
general practitioner *Allgemeinarzt/-ärztin*
spinster *unverheiratete Frau*
to seek attention *Aufmerksamkeit suchen*
surgery *Arztpraxis*
research *Nachforschungen*
sth never goes amiss *etw kann nicht schaden*

Ursprünglich hatte Peter direkt zum Bahnhof gehen wollen, um zu Annie zu fahren. Doch dann änderte er kurzentschlossen seinen Kurs und sitzt nun an einem der breiten Lesetische in der Bibliothek seines Clubs. „Some research never goes amiss", murmelt er vor sich hin, als er seinen Bleistift ergreift und Informationen auf seinem Notizblock notiert. Mehrere Zeitungen neben ihm haben sich als ergiebig erwiesen.

Zunächst zum Tod des vierjährigen Sidney Barker, der von seinem Onkel zwei Chocolate Creams bekommen hatte. „Here's the article about the inquest ...", denkt er sich. „No proof of any wrongdoing ... Maynard was innocent ... no complaints about his products in 28 years ... a lady at the inquest who claimed that she felt sick after eating a chocolate ... nothing really new." Doch plötzlich sitzt er kerzengerade auf seinem Stuhl. „What's this?" Schnell zieht er die Zeitung herbei, in der über die vergifteten Päckchen berichtet wurde. Seine Augen springen zwischen den beiden Artikeln hin und her. „There is no doubt!", haucht er halblaut vor sich hin. „What is it?", hört er eine vertraute brummende Stimme hinter sich. Peter dreht sich mit noch immer aufgerissenen Augen um: „Oh, Henry ... I'm afraid Annie is in trouble again." „I wouldn't worry. Your friend seems like a very capable young woman", entgegnet Henry gelassen und stopft seine Pfeife. „She is capable", entgegnet Peter, „but this time she might be up against someone really evil. I need to go to Brighton." Stirnrunzelnd blickt Sir Henry auf die Tür, aus der Peter soeben gruß- und hutlos entschwunden ist. Auf dem Tisch liegt noch der Fahrplan mit der Zugverbindung, die Peter nehmen will. Sofort sieht Sir Henry, dass sich Peter hier ein paar Notizen gemacht hat. Mit einem Grinsen nimmt Sir Henry Peters Hut und folgt ihm zum Bahnhof.

WORTSCHATZ

wrongdoing *Missetat*
complaint *Beschwerde*
to claim *behaupten*
doubt *Zweifel*
capable *kompetent*
to be up against sb/sth *jdm/etw gegenüberstehen*
evil *bösartig*

SOUTH EASTERN RAILWAY

Trains Leave				Trains Arrive		
A.M.	A.M.	P.M.	STATIONS	A.M.	A.M.	P.M.
9:00	11:00	02:00	....London....	8:50	10:50	1:50
9:10	11:10	02:10	..Greenwich..	9:0⑥	11:06	2:06
9:30	11:30	02:30	...Groydon...	9:28	11:2⑧	2:28
9:45	11:45	02:45	...Coulsdon...	9:40	11:40	2:40
9:55	11:55	02:55	....Merstham...	9:50	11:50	2⑤0
10:12	12:12	03:12	....Reigate...	10:0⑨	12:09	3:09
10:30	12:30	03:30	.....Horley.....	10:27	1②:27	3:27
10:45	12:45	0③:45	...Cuckfield...	10:42	12:42	3:42
10:55	12:55	03:55	....Patcham....	10:51	12:51	3:51
11:15	01:10	0④:10	....Brighton....	11:06	01:06	4:06
			...Shoreham...	11:2⑦	01:27	4:27

witness = —————————————
1 2 3 4 5 6 7 8 9

 Was hat Peter herausgefunden?

The Doctor's Wife

Annie klopft trotzdem. Sie hat Glück: „I'm afraid the doctor is not here", sagt eine Frau mit freundlichem, müdem Gesicht. „I'm here about the poisonings", platzt es aus Annie heraus. Die Frau wirkt überrascht: „Come in. I'm Emily Beard." Sie führt Annie in einen kleinen Salon, wo sich die Frauen bald gegenüber sitzen. „We received a plum cake. Our maid, Mary, loves plum cake, so I gave it to her. She shared it with Alma, our cook. They both got very sick, but fortunately they're getting better now."

SMALLPOX

Pox *Pocken* waren bis ins 20. Jahrhundert hinein eine gefährliche Infektion, die durch Impfungen weitgehend ausgerottet wurde. Der englische Landarzt Edward Jenner sah, dass Kuhmägde scheinbar immun waren und führte das auf die Infektion mit den für Menschen relativ harmlosen Kuhpocken zurück. Der Verdacht bestätigte sich und **smallpox** – *Kuhpocken* wurden zur Impfung gegen Menschenpocken eingesetzt.

WORTSCHATZ

plum cake *Pflaumenkuchen*
away on business *geschäftlich unterwegs*
official *offiziell*
royal representative *im Auftrag Ihrer Majestät*
vaccination *Impfung*
enemy *Feind/in*

Emily Beard schluckt. „Just imagine ... they could have died! And I ..." „You didn't know ", sagt Annie beruhigend. Mrs Beard wischt sich eine Träne aus den Augen. „True. Anyway, I've got a lot of work now, until Mary and Alma are well again. Five children ... And my husband's away on business." „What business?", will Annie wissen. „Smallpox vaccinations", antwortet Mrs Beard. „He's one of the official royal representatives who organise the vaccinations. Do you think this has anything to do with it?" Die Pockenimpfkampagne hat Gegner, doch wenn der Giftangriff auf Dr Beards Haushalt mit all den anderen Vergiftungsfällen verbunden ist, ist das unwahrscheinlich. Sie schüttelt den Kopf. „Does your husband have enemies? Any angry patients?" Kopfschütteln. Annie zieht die Liste mit den anderen Empfängern hervor und zeigt sie Mrs Beard: „Do you know any of these people?", fragt sie. „No", sagt Mrs Beard und steht abrupt auf. „The children need me. Sorry ..." Annie verlässt das Haus. Warum wollte Mrs Beard sie so plötzlich loswerden? Gab es da doch eine Verbindung? Ratlos schaut sie sich die Liste noch einmal an. Sie zuckt mit den Schultern. „I have to talk to the others", überlegt sie. „I'll try Miss Edmunds next. She lives just across the street."

Tea Time

Dankbar nimmt Annie an dem Tisch im kleinen Salon von Mrs Edmunds Platz. Sie ist heute sehr viel gegangen und ihre Füße schmerzen. „My daughter was the recipent of one of the parcels", erklärt die ältere Dame. „She will be with you in a moment." Annie blickt sich um. Der Salon ist klein und wirkt überfüllt. Die Möbel haben eindeutig bessere Zeiten – und größere Räumlichkeiten – gesehen. An den Wänden hängen zahlreiche Zeichnungen und Stiche von Kirchen und Gebäuden auf der dunkelgrünen Tapete. Mrs Edmunds folgt Annies Blick. „My husband was a famous architect", sagt sie stolz. „He built all these. He ..." „Father died much too soon, unfortunately", ertönt eine Stimme aus dem Türrahmen und beendet damit die Ausführungen abrupt. „Are you the journalist?", fragt eine junge Frau und lässt sich Annie gegenüber auf einen Stuhl fallen. Annie stutzt. Sie hat sich nicht angekündigt. „Christiana Edmunds", stellt sich die Frau vor, und Annie fällt auf, dass sie längst nicht so jung ist, wie sie ursprünglich dachte. Die Fältchen um die Augen verraten mindestens 40 Jahre, auch wenn sie sehr viel Mühe auf ihr Äußeres verwendet. „Yes", antwortet Annie schließlich. „I know that you received one of the poisoned parcels. Have you got any idea why?" Die Frau schüttelt den für einen Tag zuhause allzu wohlfrisierten Kopf, doch dann nickt sie. „I've already been poisoned twice", ruft sie aus. „Maynard is after me!" „Why should Mr Maynard be after you?", fragt Annie überrascht. „I was a witness at the inquest, and I told them that I had also had a poisoned chocolate by him! And now he wants me dead!", schluchzt sie. Annie erschrickt. Also doch Maynard? Hat sie sich von seiner freundlichen Art blenden lassen? Die Frau im Park? Das kann eine Komplizin gewesen sein ... Annies Kopf dreht sich. „You look shocked ... Has he taken you in?", fragt die Frau süffisant. „Well, let me get you some tea." Bald stehen eine Kanne duftenden chinesischen Tees und ein Teller Früchtebrot vor Annie auf dem Tisch. Christiana Edmunds gießt ein. „He's poisoned even more people, you know, but nobody wants to believe me!"

Annie hebt gerade die Teetasse an die Lippen, als von draußen ein energisches Klopfen ertönt.

WORTSCHATZ

he's after me *er hat es auf mich abgesehen*
to want sb dead *wollen, dass jmd tot ist*
to take sb in *jdn täuschen, für sich einnehmen*

Letters

Annie schaut fassungslos auf, als Peter und Henry im Türrahmen erscheinen, gefolgt von Inspector Gibbs. **„Miss Edmunds"**, Inspektor Gibbs räuspert sich. **„I need to talk to you again."** Ein scharfes **„Oh dear!"** lässt sie zusammenzucken, doch der Ausruf kam nicht von Christiana, sondern von ihrer Mutter. Während alle Augen auf Christiana gerichtet sind, wendet sich Annie der Mutter zu. Diese flüstert resigniert: **„Go and ask Dr Beard."** Annie spürt, wie die Frau ihr ein zusammengefaltetes Stück Papier in die Hand schiebt. Dann ist sie in die Küche verschwunden. **„Dr Beard?"** Jetzt versteht Annie gar nichts mehr. Inspector Gibbs wendet sich Annie zu: **„He knows something.**

WORTSCHATZ

to warn *warnen*
delicate personal matter *heikle persönliche Angelegenheit*
to ruin *ruinieren*
motive *Motiv*

An hour ago he sent us a telegram, warning us that he suspected Miss Edmunds. He will be back from Yorkshire today. Come with us. We'll meet him at his house."

Als Annie erneut im Haus der Beards eintrifft, steht ihr diesmal ein stattlicher Mann gegenüber. **„I should have given these letters to you much earlier"**, sagt er. **„but this is a delicate personal matter and it could ruin my business. Have you got any proof that Miss Edmunds has anything to do with the poisonings? If you do, I think I can give you her motive."** Annie zieht den Zettel aus der Tasche, den Mrs Edmunds, Christianas Mutter, ihr zugesteckt hat.

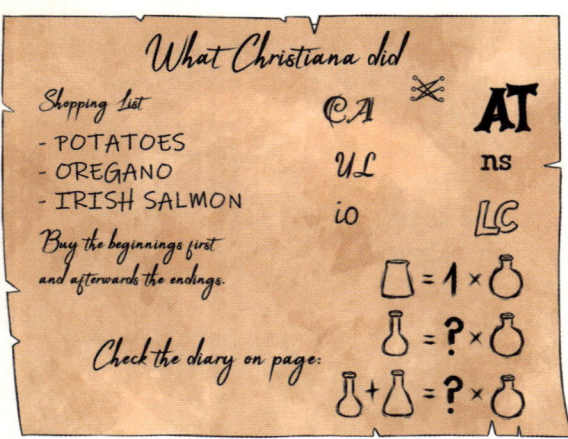

What Christiana did

Shopping List
- POTATOES
- OREGANO
- IRISH SALMON

Buy the beginnings first and afterwards the endings

Check the diary on page:

☞ Was hat Christiana laut ihrer Mutter getan, und auf welcher Seite in ihrem Tagebuch finden sich diese Beweise?
Die Tagebuchseite gibt auch die Seitenzahl an, auf der das Finale des Kapitels zu finden ist.

CHAPTER 5

THE FINAL ACT

Romance and Tragedy

„A re you ready to go?", fragt Peter Annie, die noch vor dem Spiegel steht und ihren neuen Hut auf die inzwischen ergrauenden Locken setzt. „Just one second, darling", lächelt Annie ihren Ehemann an und steckt eine glitzernde Hutnadel fest. „This is going to be a fabulous night out! I've wanted to see The Secret Service for such a long time!" „Oh, come on", neckt Peter. „You just want to look at William Terriss." „He is something to look at", entgegnet Annie und wirft sich ihren warmen Mantel über. „But", fügt sie hinzu und hakt ihren Arm in Peters, „so are you."

> **WE'VE BEEN MARRIED**
>
> We've been married for 25 years now – das ist nicht nur Anlass für die Silberhochzeit, sondern auch für die Verwendung des **present perfect**. Während im Deutschen das Präsens (wir sind) verwendet wird, zeigt die vollendete Gegenwart des Englischen etwas an, das in der Vergangenheit begann und noch immer andauert.

WORTSCHATZ

fabulous *fabelhaft*
handsome *gutaussehend*
highly *äußerst*
improper *ungehörig*
conventional *konventionell*
that would raise some eyebrows *das würde die Leute brüskieren*

„We've been married for almost 25 years now", sagt er mit einem breiten Grinsen. „You know exactly what I look like."

„I do", sagt Annie, während die beiden die Stufen vor der Haustür hinabsteigen und zur wartenden Droschke gehen. „And you are getting more handsome every year."

Peter denkt dankbar zurück. Nie hätte er es gewagt, Annie einen Heiratsantrag zu machen. Niemals. Wäre da nicht die Geschichte mit der Giftmörderin in Brighton gewesen. Die Angst, die Peter damals um Annie gehabt hatte, hatte ihn veranlasst, gleich nach Christiana Edmunds Verhaftung vor Annie auf die Knie zu gehen und um ihre Hand anzuhalten.

„Peter, I am talking to you!", wird er aus seinen Gedanken gerissen. „What are you thinking about?" „Brighton", entgegnet Peter. Annie lacht. „That was highly improper. You should have gone to Aunt Lucinda first." „I did not want to marry Aunt Lucinda!", ruft Peter mit gespielter Empörung aus. „Anyway, I knew you were not very conventional." „True", stimmt Annie zu. „I think I might have asked you to marry me if you had waited any longer." „Now that would have raised some eyebrows", grinst Peter. „Highly improper. And that's why I love you." Inzwischen sind die beiden im Londoner West End angekommen, wo jetzt – gut eine Woche vor Weihnachten – trotz der Kälte und der Dunkelheit reger Betrieb auf der Straße herrscht. Das Adelphi Theatre ist festlich beleuchtet, die Besucher strömen hinein, mit ihnen Annie und Peter. In einer dunklen Seitenstraße scheint es ein Handgemenge zu geben, ein Bettler weicht einer heranrauschenden Droschke aus.

Die elegante Eingangshalle des Adelphi Theatre lässt die Unruhe der Straße einer erwartungsfrohen Stimmung weichen. Während sie sich zusehends füllt, liegen der Duft von Parfüm und leichte Konversation in der Luft. Festlich gekleidete Damen und Herren begeben sich nach oben zu ihren Plätzen auf den Galerien. 1500 Besucher fasst das Adelphi, und heute scheint es voll zu werden. Die hohen Hallen brummen und summen vor Vorfreude und angeregten Gesprächen.

> ### MELODRAMA
>
> Das Melodrama war im Theater des 19. Jahrhunderts ein Publikumsrenner. Übertreibung und stereotype Charaktere garantierten große Emotionen: fiese Schurken, ein edler Held, eine Dame in Gefahr, fertig war der Bühnenerfolg – soweit man zugkräftige Schauspieler hatte. William Terriss war einer der größten Namen hier.

Auch Peter und Annie begeben sich nach oben zu ihren Plätzen. Annie blättert das Programm durch und studiert die Namen der Darsteller. „Jessie Millwood is the leading lady", bemerkt sie. „She's good", kommentiert Peter. „And William Terriss likes her", grinst Annie. „Or so they say." „Well, they've been the romantic couple in a lot of melodramas in the last couple of years", sagt Peter und deutet auf ihre Plätze, wo die beiden sich niederlassen. Annie lässt die Augen über die prächtige Ausstattung des Theaters schweifen, über die goldverzierten Balkons und Logen und über den samtenen Vorhang, der die Bühne verdeckt. Plötzlich hat sie das Gefühl, dass irgendetwas nicht stimmt. „Something's wrong", flüstert sie Peter zu, der nun das Programm studiert.

Als Peter den Kopf hebt, kann auch er die Veränderung in der Atmosphäre deutlich spüren. Eine Unruhe hat die Vorfreude verdrängt. Überall stecken Leute die Köpfe zusammen

WORTSCHATZ

leading lady *weibliche Hauptrolle*
romantic couple *Liebespaar*

und tuscheln aufgeregt. „**What do you mean ...**", hört er von irgendwo, das Wort „**cancelled**" kommt von woanders. Schließlich bewegt sich an der Bühne etwas. Der Vorhang bleibt geschlossen, und auch die Musiker sind weiterhin stumm. Stattdessen tritt ein Mann im schwarzen Anzug an den vorderen Rand der Bühne. Er räuspert sich. „**Esteemed audience, I am sorry**", beginnt er und wischt sich mit der Hand Schweißperlen von der Stirn. „**An important member of the cast has been injured ... severely injured. Tonight's performance must be cancelled.**" Unmut wird spürbar, Stimmen rufen „**understudy!**" Der Mann im schwarzen Anzug schnauft hörbar. „**It's William Terriss**", bricht es schließlich aus ihm heraus, „**and he's abolutely unable to perform tonight. The show is cancelled. Please come back another time!**" Mit diesen Worten verlässt er die Bühne. Annie sieht Peter an. „**We must find out what has happened!**", flüstert sie ihm zu. „**I'll get backstage somehow**", und noch bevor Peter protestieren kann, ist sie in der Menge verschwunden.

WORTSCHATZ

esteemed audience *geschätztes Publikum*
severely injured *schwer verletzt*
member of the cast *Ensemblemitglied*
performance *Aufführung*
to cancel *absagen*
understudy *Zweitbesetzung*
unable *nicht in der Lage*
backstage *hinter der Bühne*
somehow *auf irgendeine Art*

Hinter die Bühne zu kommen, ist zunächst einfacher als gedacht. Eine schlichte, übertapezierte Tür führt vom Zuschauerraum in einen Gang. Dort jedoch teilt sich der Weg, Annie steht vor drei Türen, die unterschiedlich gekennzeichnet sind.

 Welche Tür soll sie nehmen?

Annie geht durch die mittlere Tür und findet sich im Türrahmen einer Garderobe wieder: „Give me more of those bandages, please", sagt eine Frau, die einen blutenden Mann in den Armen hält. Annie geht zu einem Tisch, auf dem Tücher und Verbandsrollen liegen. Schnell gibt sie sie der Frau. Jessie Millwood, das kann Annie jetzt erkennen. Und der Mann in ihren Armen ist tatsächlich William Terriss. „He's been stabbed", erklärt Jessie Millwood mit leiser Stimme. „I'm trying to stop the bleeding." Annie sieht, wie Jessie versucht, auf drei Wunden Druck auszuüben – nicht einfach, denn zwei befinden sich auf dem Rücken, die am heftigsten blutende Wunde jedoch in der Brust. „Stay with me, Bill", redet sie auf den Mann ein, „help is coming." Annie kniet jetzt neben den beiden und hilft, die Binden auf den Rücken von William Terriss zu drücken. Die Wunden sind jedoch tief, Blut sickert unter ihren Händen hervor. Bald kann Annie kaum noch Atmung wahrnehmen. Jessie Millwood rollt eine einzelne Träne über die Wangen.

„Don't do this to me, Bill", flüstert sie. „Please stay." Als endlich die Tür aufgerissen wird und ein breitschultriger Mann mit Arztkoffer den Raum betritt, bricht die Schauspielerin in Tränen aus. „It's too late. He's dead!" Annie steht auf und hilft Jessie zu einem Stuhl, während sich der Mann über den Körper beugt und die schlimme Befürchtung bestätigt.

Annie bleibt neben Jessie stehen und sieht sich in William Terriss' Garderobe um. Der Schauspieler hatte wohl sehr viele Verehrer. Ein gutes Dutzend Blumensträuße steht auf einem Tischchen neben dem Schminkspiegel. Rosen hauptsächlich, doch ein großer Strauß weißer Lilien sticht wie ein Memento mori heraus.

UNDERSTUDY

In allen großen Theaterproduktionen gibt es **understudies** *Zweitbesetzungen*, um einen Ausfall wegen Krankheit zu verhindern. **Understudy** eines beliebten Stars zu sein ist meist ein undankbarer Job – für einige Schauspielerinnen und Schauspieler war aber ein Engagement als Zweitbesetzung auch das Sprungbrett, das ihnen den Weg in die vordersten Reihen ermöglichte.

WORTSCHATZ

bandage *Verband*
stabbed *erstochen, niedergestochen*
bleeding *Blutung*

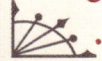

Blood in the Dressing Room

„**G**od, the smell of these lillies makes me sick! Who are you?", fragt Jessie, als sie nach einer gefühlten Ewigkeit den Kopf hebt. „Just someone who wants to help", antwortet Annie schnell. „Can I do anything for you?", fragt sie, doch sie erhält keine Antwort. „Tea", sagt Annie bestimmt. „Tea always helps." Sie wendet sich an einen Bühnenarbeiter. „Get some tea for Miss Millwood, please."

TEA ALWAY HELPS

In times of crisis, only tea will do – *in Krisenzeiten hilft nur Tee.* Diese Überzeugung saß (und sitzt) in England tief. Klischee oder nicht, Unfällen, Todesfällen, schlechten Nachrichten jeder Art wird mit Schwarztee begegnet, im Falle von Schock und Schwäche mit einer Extradosis Zucker.

In Windeseile organisiert Annie warmes Wasser und ein frisches Kleid für Jessie Millwood, die noch immer wie in Trance ist. Der Bühnenarbeiter kommt mit einer Kanne Tee. Annie gibt mehrere Löffel Zucker in eine Tasse und drückt das süße, heiße Getränk in Jessies Hände. „Drink this", sagt sie leise. „Tea always helps." Jessie nippt vorsichtig, nach einer Weile kommt etwas Farbe in ihr Gesicht zurück. In der Zwischenzeit ist die Polizei eingetroffen. Annie erkennt Inspektor George Wood, mit dem sie und Peter bei einem früheren Fall zu tun hatten. Er hebt die Augenbraue, als er Annie erkennt, sagt aber nichts. Nachdem er mit dem Arzt, der den Tod von William Terriss festgestellt hat, gesprochen hat, wendet er sich an Jessie Millwood. Diese erzählt mit stockender Stimme:

WORTSCHATZ

dressing room *Garderobe*
smell *Geruch*
lilly *Lilie*
to collapse *zusammenbrechen*
deathly *wie der Tod*
pale *bleich, blass*
to murmur *murmeln*
wound *Wunde*
chest *Brust*

„I was in my dressing room, as always before a performance. Suddenly Henry Graves was shouting for help in the corridor. I ran out, and there was Bill, deathly pale. He collapsed on the floor of his dressing room. I went to him to see what was wrong, when Bill murmured ‚I've been stabbed'. That's when I saw the wound on his chest. I pressed some clothes against it to stop the bleeding when I felt blood on his back, too. Blood everywhere, it was horrible. I couldn't stop it …"

Sie beginnt zu weinen. Wood sieht sich um: „Where is this Henry Graves now? And who is he?" Der Bühnenarbeiter, der zuvor den Tee gebracht hat, meldet sich zu Wort: „Mr Graves went after the man who attacked Mr Terriss. Dropped Terriss off here and ran like the devil …"

Gedanken spiegeln sich in der Miene des Inspektors. Jessie Millwood schüttelt den Kopf. „No, that's impossible. Henry Graves is … was … Bill's friend. He wouldn't hurt him."

Ganz überzeugt scheint der Inspektor nicht zu sein. „Most murderers have a personal relationship with their victims", murmelt er in seinen Bart und fährt dann, etwas lauter, fort: „but no, I don't really suspect Mr Graves. If he wanted to kill Mr Terriss, he wouldn't have brought him inside. Anyway, I really have to talk to him …"

WORTSCHATZ

to drop sb/sth off *etw/jdn abliefern*
to run like the devil *wie der Teufel*
    (los-)rennen
victim *Opfer*
to suspect *verdächtigen*
no idea *keine Ahnung*
dinner jacket *Smokingjacke*
affair *Affäre, Verhältnis*

Jessie seufzt: „Unfortunately, I have no idea where he lives. He was Bill's friend. I just knew him from when he came here."

„Did he come here often?", fragt der Inspektor. „Yes", nickt Jessie. „He even has some of his things in Bill's dressing room – an extra dinner jacket and the umbrella over there …", sie weist mit der Hand auf eine Ecke der Garderobe, wo die erwähnten Gegenstände an einem Haken hängen. Der Inspektor verabschiedet sich schließlich. In der Tür hält er inne und dreht sich um: „Miss Millwood, I'm sorry, but I have to ask …" Jessie Millwood wendet den Blick ab, dann kommt die unvermeidliche Frage, die die ganze Zeit im Raum hing: „Did you have an affair with Mr Terriss?"

Für eine Weile scheint die Zeit stillzustehen, man könnte eine Stecknadel fallen hören. Niemand bewegt sich, alle Augen sind auf Jessie gerichtet. Die Frage hat scheinbar nicht nur den Inspektor bewegt. „No", kommt es schließlich mit leiser Stimme aus Jessies Richtung. „No, I didn't. Never."

In Jessies Widerspruch schwingt – in Annies Ohren – Bedauern mit. Und genau deshalb glaubt sie ihr. „I need to find Henry Graves …", überlegt sie sich. Als der Inspektor gegangen ist, legt Annie ihre Hand auf Jessies Schulter. „I'll find out who did this", sagt sie und verlässt dann eilig das Theater.

Henry Graves kommt gerade an, als Annie und Peter vor seinem Zuhause eintreffen. Annie ruft **„Mr Graves!"**, worauf sich der schwer atmende Mann mit dem graublonden Schnurrbart umdreht und sie fragend ansieht. **„Mr Graves, we've just come from the Adelphi – we're so sorry!"**, stößt Annie hervor. Graves steckt seinen Schlüssel ins Schloss. **„Come with me, whoever you are"**, krächzt er heiser und lässt die beiden durch einen dunklen Hausflur zu einer Zimmertür gehen, hinter der sich ein kleinerer Flur befindet. **„My rooms"**, kommentiert er kurz und stößt eine Tür zu einem Wohnzimmer auf. **„Sit, please, I need to clean up."**

Er nimmt den Mantel ab und betrachtet seinen Ärmel, der blutverschmiert ist. Dann verschwindet er einen Moment hinter der anderen Tür. Nach kurzer Zeit erscheint er wieder, jetzt trägt er ein frisches Hemd. **„I didn't catch him"**, sagt er mit immer noch heiserer Stimme, immer noch außer Atem. **„And now you're here to tell me Bill's dead ..."**, er blickt Annie direkt ins Gesicht. **„Why are you here? Who are you?"**

Annie und Peter erklären, dass sie eigentlich nur zufällig im Theater waren, aber als Herausgeber des London Crime Courier schon häufig die Polizei bei der Aufklärung von Verbrechen unterstützen konnten. **„And we would really like to help here so that justice can be done"**, beendet Peter die Ausführungen.

„All right, I'll tell you what I know", nickt Henry Graves, **„but I think I should go to the police first." „We'll take you there"**, erklärt Peter. **„Our carriage is still outside, and Inspector George Wood at Bow Street Station knows who we are. Let's go there."**

REAL LIFE ROMANCE

Waren William Terriss und Jessie Millwood ein Paar? Das ist bis heute umstritten. Klar ist, dass die Öffentlichkeit am Ende des 19. Jahrhunderts Klatsch und Tratsch liebte und bekannte Theaterschauspieler so etwas wie Reality-Show-Stars sein konnten.

WORTSCHATZ

whoever *wer auch immer*
to clean up *sich frisch machen, sich säubern*
justice *Gerechtigkeit*
carriage *Kutsche*
villain *Übeltäter*

Mrs Whittaker, I was a little surprised to see you in the dressing room", begrüßt George Wood die drei Personen, die sich in der Bow Street Polizeiwache in seinem Büro eingefunden haben. **„Who have you brought here?" „Inspector George Wood"**, stellt Annie die beiden Männer einander vor: **„This is Mr Henry Graves who was with Mr Terriss when he was murdered." „I am very pleased to meet you, Sir"**, sagt Wood und schüttelt seinem Besucher die Hand. **„I would have come to you very soon."**

Graves schüttelt den Kopf: „No need. I would have come to you anyway. I ran after him and tried to catch the villain ... but I couldn't." Die Niederlage steht ihm ins Gesicht geschrieben. Der Mann sackt in sich zusammen und legt sich die Hände vors Gesicht. „It's all too late anyway. Bill's dead." Damit verstummt er, auf Woods Fragen schüttelt er nur niedergeschlagen den Kopf. „Can we get some tea for Mr Graves?", fragt Annie. „I think he needs to see why it is worthwhile to tell the story."

TEA IN ENGLAND

Seit etwa Mitte des 17. Jahrhunderts gibt es in England Tee zu kaufen, zunächst grünen Tee aus China. Um 1720 eröffneten die ersten Tea Shops, und schwarzer Tee mit Milch und Zucker wurde populär. Da er auch zunehmend günstigr wurde, hatte er sich bis ins 20. Jahrhundert endgültig im Alltag aller gesellschaftlichen Klassen etabliert.

WORTSCHATZ

worthwhile *wert, lohnend*

Mr Graves starrt auf seine Tasse.
Was bringt ihn dazu, schließlich
doch noch zu erzählen?

In the Dark

THE ADELPHI

Den Seiteneingang des Adelphi Theaters in der Maiden Lane kann man heute noch sehen. Auch das Theater existiert noch – als Musicalhaus. Allerdings hat es sich seit William Terriss' Ermordung stark verändert. In den 1930er Jahren bekam es eine Art Déco-Fassade, und heute locken riesige Leuchtreklamen Musicalfans an.

N ach ein paar Schluck Tee richtet sich Graves auf. „You're right, we must have justice for Bill's death." Er beginnt zu erzählen: Am Nachmittag hatten Terriss und er in ihrem Club im Londoner West End Whist gespielt. „At around 7 pm that evening we took a cab to the Adelphi Theatre. We were alighted at the junction of Bedford Street and Maiden Lane, we walked along Maiden Lane to the private stage door of the Adelphi Theatre."

„A private stage door?" unterbricht Annie. „So not the same door that all the other actors use?" „No", bestätigt Graves. „This door was only used by Terriss and two of the other principals of the company. It is right next to the Royal Stage Door in Maiden Lane, the one with the royal crest above it. Anyway", fährt er fort, „It was quite dark and Bill was getting his keys from his pocket. He put the key in the door. And then it happened ..." Graves muss schlucken und starrt ins Leere, doch dann fährt er fort: „Somebody rushed from across the road and struck him on the back twice."

WORTSCHATZ

cab *Taxi (Kutsche oder motorisiert)*
to be alighted *abgesetzt werden*
junction *Abzweigung, Kreuzung*
private *privat*
principals *hier: Hauptdarsteller*
royal crest *königliches Wappen*
to rush *rasen*
to strike *schlagen*

„You did not stop the man?", fragt Wood dazwischen. Graves schüttelt den Kopf:

„It was so quick. I first thought it was nothing more than someone giving him a friendly pat on the back. I just thought it was a bit rough ... Bill himself was surprised and turned around to look at the man." Graves schluckt und räuspert sich. „When he turned around, the man had a big knife and stabbed him in the chest." Graves schließt für einen Moment die Augen. „Oh God. He – I mean Bill – just stood there, surprised ... shocked ... Then he said: ‚My God, I've been stabbed; stop him!' I wanted to catch the man, but I needed to get help for my friend first. He was bleeding. So I took Bill inside the theatre, then I rushed out again and ran after the attacker."

„Was he still there when you came back out of the theatre?", fragt Wood überrascht. „Yes, he was", antwortet Graves. „Some of the stage workers were trying to hold him back, but he managed to run away.'

Nach der langen Rede herrscht kurzes Schweigen im Raum. „Did you recognise the attacker?", fragt Wood nach einer Weile. Graves schweigt. Dann räuspert er sich. „I am not sure", sagt er langsam. „There wasn't much light, I couldn't see clearly ... I might have an idea, but I don't want to put blame on an innocent man." Wood sieht ihn streng an: „You must tell the police if you know who did this." Graves schüttelt den Kopf: „But that's the point: I don't know. I'm still shocked. I need to sleep. As soon as I remember more clearly, I'll tell you." Wood seufzt resigniert: „Well, can you tell us what he looked like?" „I can do that", nickt Graves. „He was, slim and dressed in black clothes and a black hat. He wore a big black cape, that was how he could hide the big knife." Wood nickt. „Thank you, Mr Graves. Go home and get some rest. And come back as soon as you're sure ...“

THE GHOST

Viele alte Theater brüsten sich damit, einen Geist zu beherbergen: Da verwundert es kaum, dass William Terriss durch das Adelphi spuken soll, wo er ein solch gewaltsames Ende fand. Verwunderlicher ist allemal, dass Terriss' Geist viele Male in der Covent Garden U-Bahn-Station gesichtet wurde, obwohl die zur Zeit seines Todes noch nicht einmal gebaut war.

WORTSCHATZ

pat on the back *Schulterklopfen*
rough *hier: grob*
to stab *stechen*
stage worker *Bühnenarbeiter/in*
cart *Wagen*
to put blame on sb *jdm Schuld zuweisen*
innocent *unschuldig*
that's the point *das ist es ja gerade*
shocked *schockiert*
slim *schlank*
cape *Umhang*
to get some rest *sich etwas ausruhen*

Well, an identification would have been nice", murmelt Peter, als Graves das Büro verlassen hat. „Yes", stimmt Wood zu, „but anyway not enough to condemn him. I'm sure we'll find out who he was ..." „Let's look at what we've got." Er zieht eine Tafel heran und beginnt zu schreiben:

> Time of the attack: 7.30
> Scene of the crime: Stage door entrance,
>   used only by three people

„I think the attack was planned", beginnt Peter. „Someone knew exactly when and where Mr Terriss would arrive at the Adelphi. The person even knew that Terriss used a private entrance and not the same door as most other actors." Wood nickt: „A theatre employee would know that ..." Annie wirft ein „... but also a crazy admirer who has watched Terriss for a while." „If that's the case", sagt Wood nachdenklich und streicht sich über den Schnurrbart, „someone could have noticed him. Let's think about the why ..." Er nimmt die Kreide in die Hand und schreibt weiter:

> Possible motives:
>   Money?
>   Jealousy?
>   Revenge?

BEHIND THE CURTAIN

Curtain bezeichnet den *Vorhang*, auch im Theater. Was **behind the curtain** vor sich geht, bleibt auch im übertragenen Sinne *im Verborgenen*.

Erklärend deutet er auf die Liste der Motive und kommentiert: „It always is one of these three things, isn't it?" Annie und Peter nicken, ihre jahrzehntelange Erfahrung bestätigt die These. „It wasn't a robbery. At least the attacker didn't take anything", beginnt Annie. „It could still be about money", merkt Peter an. „We should find out if he owed money to someone, or if he had any shady business deals behind the curtain." „We'll find out",

WORTSCHATZ

identification *Identifikation*
to condemn sb *jdn verurteilen*
employee *Angestellte/r*
admirer *Bewunderer/in*
for a while *eine Zeitlang*
to be the case *der Fall sein*
the why *das Warum*
robbery *Raub*
to owe sth to sb *jdm etw schulden*
shady deals *zwielichtige Geschäfte*
curtain *Vorhang*
behind the curtain *verdeckt, hinter den Kulissen*

kommentiert Wood. „but I imagine it could be about jealousy ... you've all heard the rumours about him and Jessie Millwood." Annie und Peter nicken, doch Annie merkt an: „I don't think Jessie Millwood had anything to do with it. And I don't even think that they really had an affair ..." Wood sieht sie erstaunt an. „You don't? Everybody thinks so. Even the newspapers write about it." „Yes, but when you asked her, I looked at her face and listened to her voice: I think she loved him. I believe she had had hopes that he would – one day – love her, too. But these hopes died when he did. She was really sad that she didn't have an affair and now would never have the chance."

Wood nickt, doch ganz überzeugt sieht er nicht aus. „A lot of killers are sad and sorry, too. But all right, let's say Jessie Millwood had nothing to do with it – it still could have been his wife." „It was a man", protestiert Annie. „She could have paid someone", antwortet Wood schulterzuckend. „His wife was an actress, too, but she stopped acting when their daughter was born, if I remember this right. She could be incredibly angry and jealous ... He's having this big success, maybe an affair ... and she's sitting at home." Er steht auf. „I need to talk to her before anybody else tells her her husband's been murdered."

Annie will ihm folgen, doch Wood winkt ab. „I'll talk to her alone. Maybe the two of you could go back to the scene of the crime outside the theatre and see if we have missed anything. You have often before found little things that could help ..."

An der Tür dreht er sich noch einmal um: „And don't forget to think about revenge as a motive. Maybe you can find out if Terriss ever wronged anyone." Annie nickt. „Let's go to Maiden Lane, Annie", sagt Peter, und schon sind die beiden auf dem Weg.

WORTSCHATZ

jealousy *Eifersucht*
rumour *Gerücht*
killer *Mörder/in*
incredibly *unglaublich*
jealous *eifersüchtig*
scene of the crime *Tatort*
to miss sth *hier: übersehen*
revenge *Rache*
to wrong sb *jdm Unrecht tun, übel mitspielen*

Maiden Lane sieht nun anders aus also noch vor ein paar Stunden. Der Trubel hat sich gelegt, nur noch wenige Pferdedroschken sind unterwegs, und auch die Bettler, die zuvor in den Hauseingängen Schutz gesucht hatten, sind wohl weitergezogen, um sich woanders besser vor der Kälte zu schützen. Annie und Peter nähern sich der Stelle, an der der Anschlag erfolgte, zu Fuß. Es beginnt, leicht zu schneien.

VICTORIA AND THE THEATRE

Queen Victoria liebte das Theater, Opern und Operetten besonders. Allein in ihrem Krönungsjahr 1838 besuchte sie 36 Vorstellungen. Das verdiente natürlich die eine oder andere königliche Loge und – wie im Adelphi – sogar private Eingänge.

Annie und Peter betrachten den privaten Bühneneingang, der sich gleich neben einem privaten Eingang für die königliche Familie befindet. „There's some blood on the cobblestones", sagt Peter. „Not a lot", bemerkt Annie mit einem Stirnrunzeln. „Well, I think first he was mostly bleeding into his clothes – he had a woollen coat on, remember?", stellt Peter fest und betrachtet den Türrahmen. Annie geht derweil in kleinen Kreisen um den Tatort herum. „There's always something interesting at the scene of the crime ...", murmelt sie vor sich hin. „Do you think so?", fragt Peter mit wenig Hoffnung. „If everything went as quickly as Henry Graves told us, there might be nothing here to find." „There is always something ...", wiederholt Annie wie ein Mantra, doch obwohl die Straße voller Unrat ist, kommt ihr nichts wirklich interessant vor.

Bis ihr Blick an einem schwarzen Stück Stoff hängenbleibt. Das Stoffstück hängt an einer groben Karre, die Bühnenarbeiter dafür benutzen, Kulissenteile von der nahegelegenen Werkstatt ins Theater zu bringen. „Now that can be nothing at all – or a big clue", sinniert Annie und nimmt den Wollfetzen von dem rostigen Nagel. „This looks like a small piece of a winter coat – or a cloak ... the murderer wore a cloak." „Quite possible", nickt Peter. „When the stage workers were trying to stop him, he used a cart to get away from them. If this is the cart, this could have come from him ..." Peter packt den Stofffetzen in seine Tasche. „Well, I think that's it", sagt er und wendet sich zum Gehen, als Annie sich abermals bückt und ein Stück Papier aufhebt. Es ist doppelseitig bedruckt und aufgeweicht, da es eine Weile im Schnee lag. Annie legt es vorsichtig auf den Ärmel ihres Mantels und

WORTSCHATZ

cobblestones *Kopfsteinpflaster*
woollen *aus Wolle*
clue *Hinweis*
cloak *Umhang*
version *Version*
handwritten *handschriftlich*

betrachtet es. „This looks like … a playscript … you know, the version of a play that actors use. Not the version you find printed in books. It's something by Shakespeare, I would say. Look, it's got handwritten notes."

Peter zuckt mit den Schultern. „Annie, this is a theatre. There are lots of actors coming and going every day. A page from a playscript is hardly surprising here." Annie grinst. „You're wrong. It is very surprising." „Explain", fordert Peter sie heraus. „You have to take the handwritten notes very literally!", antwortet Annie und grinst Peter weiter herausfordernd an.

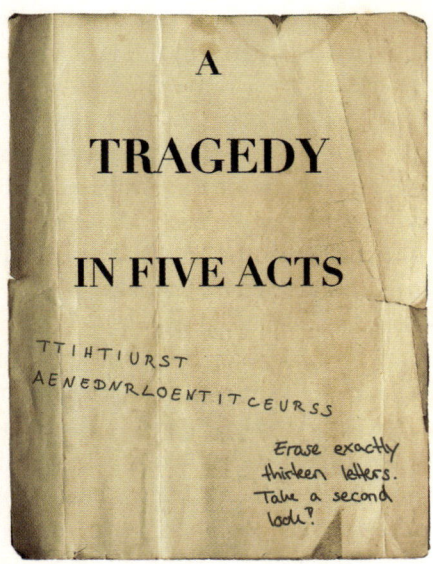

 Aus welchem Theaterstück stammt die Skriptseite?

THE BARD

Shakespeare, oft **The Bard** / *der Barde* genannt, gilt bis heute als größter Theaterautor des englischsprachigen Raums. Fast vierzig Stücke hat er verfasst – Komödien wie Tragödien und Historiendramen. Dabei hat er viele Redewendungen geprägt, die in den Sprachgebrauch übergegangen sind. Kein Wunder also, dass Peter nicht auf den ersten Blick erkennt, um welches der vielen Dramen es sich handelt.

WORTSCHATZ

playscript *Skript (eines Theaterstücks)*
to print *drucken*
hardly surprising *kaum überraschend*
to stage *auf die Bühne bringen, inszenieren*
to take sth literally *etw wörtlich nehmen*
tragedy *Tragödie*
act *Akt*
to erase *löschen*
to take a second look *ein zweites Mal hinsehen*

It's Titus Andronicus!", ruft Peter aus. „A bloody and gruesome play. How fitting…" Anni nickt ernst. „This is significant. The Adelphi does not stage Shakespeare. They've been playing their own brand of melodrama for a long time now. If somebody has lost this page here, it wasn't one of the Adelphi's cast." „That's true", nickt Peter. „Maybe we're looking for an actor from another theatre …"

Als sich die beiden schließlich zum Gehen wenden, werden sie von einem Mann in einem grauen Mantel herangewunken. „Are you the police?", fragt er mit stockender Stimme. „We work with them", antwortet Peter. „Who are you?" Der Mann stellt sich vor. „I'm Henry Spratt, I'm the stage doorkeeper. I'm not sure if this means anything, but … well, there was a strange man around the stage door in the last couple of weeks." „Come with us and tell us everything", sagt Peter und führt den sichtlich aufgeregten Mann ins nahegelegene Theatre Inn. Am Kamin, mit einem Glas Ale vor sich, beruhigt sich Henry Spratt endlich. „All right, here's what I know", beginnt er. „At the end of October, a man at the stage door asked me to give a letter to Mr Terriss, and he would wait for the answer. He seemed mad. I took the letter, and about half an hour later, Mr Terriss sent me back with an answer. I told the man that Mr Terriss had said ‚All right'. He went away. I forgot about this, but the man came back. He didn't talk to me, but was often somewhere around the stage door. And just a few days ago, he asked me something again."

„What did he want to know?" Annie und Peter hängen an den Lippen des Theaterpförtners. Jetzt könnte ein entscheidender Hinweis kommen. „Well, he pointed to the private stage door, and then he said: ‚Mr Terriss comes in that way, doesn't he?' I just nodded, the man went away, and I didn't see him after that." Spratt rollt eine Träne die Wange hinab. „What is it?", fragt Annie leise. „It's just … if I hadn't answered his question, maybe he couldn't have murdered Mr Terriss." Peter legt Henry Spratt beruhigend eine Hand auf die Schulter. „Don't torture yourself. This villain planned the attack, and he would have found out about Mr Terriss' routines anyway – with or without you." Annie fügt hinzu: „It was very good of you to remember all this and to come forward. Do you think you could come to the police with us and describe the man?" Spratt nickt und steht auf.

Bald sitzen alle drei in der Bow Street Station Inspector George Wood gegenüber. Spratt berichtet, während sich Wood Notizen macht. „Thank you Mr Spratt, very good of you to come forward", sagt er schließlich. „I can tell

WORTSCHATZ

bloody *blutig*
gruesome *grausam*
fitting *passend*
significant *bedeutsam*
brand *Marke; hier: Art*
cast *Ensemble*
doorkeeper *Pförtner*
mad *verrückt; verärgert*
to nod *nicken*
to torture oneself *sich quälen*
villain *Verbrecher/in*
routines *Gepflogenheiten*
to come forward *sich melden*

you what we found out about Mr Terriss: Real name William Charles James Lewin, good family, went to Oxford. Was not very interested in academic studies, so he left without a degree. A very popular student, though. Married actress Amy Fellowes when he was 23. They started a sheep farm in the Falklands together. Their daughter, Ellaline, is 26 and also an actress. I hear she's quite good. His wife tells only good things about him." „So she's not jealous?", unterbricht Annie. „No, she knows about the rumours, but says they were all just there to keep the popular press and the audience interested." Annie nickt: „That's the idea I got from Jessie Millwood." „Anyway", fährt Wood fort, „in 1880 he joined Henry Irving's company at the Lyceum Theatre, seven years later he became the big star at the Adelphi for their melodramas. And that's where he stayed ..." Wood atmet tief durch. „The strangest thing is this: Everybody liked him. I can't find a motive. He even took care of poor actors by supporting them through the Actor's Benevolent Fund."

„I've just remembered", meldet sich Henry Spratt zu Wort. „That man ... some stage workers called him something ... The first part was another word for crazy or furious ... now why do I think of a female servant here? Without the „i", perhaps? And then the second word – something reminded me of my brother. He's a Sagittarius, you know? Ah, why should you know that? But the thing is, he constructs and designs buildings, and this profession also shares the first four letters with the second part of the name. But that's all I can remember."

 Wie lautet der Name des gesuchten Schauspielers?

THE ACTORS' BENEVOLENT FUND

The Actors' Benevolent Fund war eine wohltätige Organisation, die unter anderem von Terriss, Henry Irving und anderen großen Namen ins Leben gerufen wurde, um notleidende Kollegen zu unterstützen.

WORTSCHATZ

academic *akademisch*
degree *Abschluss*
though *trotzdem*
to marry *heiraten*
popular press *Boulevardpresse*
to join a company *hier: sich einem Ensemble anschließen*
benevolent fund *Wohltätigkeitsstiftung*
furious *wütend*
servant *Bedienstete/r*
to remind sb of sth *jdn an etw erinnern*
Sagittarius *Sternzeichen Schütze*
the thing is *die Sache ist die*
to construct *konstruieren*
profession *Beruf*

Das Büro des Actors' Benevolent Fund befindet sich der Adam Street. Als Inspector Wood gefolgt von Annie und Peter dort eintrifft, treffen sie zu ihrer Überraschung nicht nur den Sekretär Mr Colston an, sondern auch Sir Henry Irving persönlich. Irving blickt auf, als die drei das Büro betreten. „So the police are investigating after all", sagt er, und in seiner Stimme schwingt ein bitterer Unterton mit.

ACTORS IN VICTORIAN ENGLAND

Trotz der Verehrung, die man den bekanntesten Theaterstars entgegen brachte, waren Schauspieler im 19. Jahrhundert gesellschaftlich nicht anerkannt. Am Schlimmsten traf es Schauspielerinnen, denen man einen moralisch verwerflichen Lebenswandel unterstellte und die im Ansehen nur knapp über Prostituierten rangierten.

WORTSCHATZ

to investigate *untersuchen*
after all *hier: doch*
Archer *Nachname; auch: Bogenschütze*
to get sth into one's head *sich etwas einbilden*
delusional *wahnhaft*
of all times *aller Zeiten*
lines *hier: Text*
to engage sb *jdn engagieren*
to show up *erscheinen*
decent *ordentlich*
drunk *betrunken*
income *Einkommen*
quite some time *eine recht lange Zeit*
to make sure *sicherstellen*

„Of course we are", antwortet Wood erstaunt. „When one of our young actresses was killed on the street last year, the police constables just said it was a dangerous area and a dangerous profession." Wood neigt den Kopf. „I am sorry to hear that. We're here about ...", beginnt Wood.

„Yes, I know", unterbricht Irving energisch. „You're here about Mad Archer." Wood zieht die Augenbrauen erstaunt nach oben. Henry Irving zuckt mit den Schultern. „We would have come to you." Dann setzt er sich und bedeutet seinen Besuchern, es ihm gleichzutun. Er schiebt Inspektor Wood eine Fotografie über den Tisch. „This is Richard Archer Prince – and as far as we know the murderer of William Terriss." „How do you know that?", will Annie wissen. „Prince, or Mad Archer, as he is known around the theatres of London, got it into his head that Bill hated him."

„Was that true?", will Peter wissen. „Not at all", entgegnet Henry Irving und schüttelt den Kopf. „You see, Richard Archer Prince is completely delusional. He thinks he is the greatest actor of all times, but...", hier seufzt Irving und zuckt mit den Schultern „he can't even remember his lines." Mr Colston fügt hinzu: „Nobody wants to engage him any more. He often shows up drunk, he starts fights ... and that means he hasn't had any decent income for quite some time."

Irving nickt. „Mr Terriss felt sorry for him.

He always made sure that Archer got some money through the Actors' Benevolent Fund." „What was Terriss' role in this?", fragt Wood. „Bill was an important contributor to the fund", antwortet Irving. „So if he said Archer should get something, Archer got something." „Then why was Archer so mad at him?", fragt Annie erstaunt.

„Archer didn't see it that way", antwortet Mr Colston. „In Archer's mind, Terriss was the reason he did not get roles and didn't earn enough money." „Some years ago", ergänzt Irving, „Archer had a small roll in The Harbour Lights, which was Bill's first big success at the Adelphi. Some stage workers made fun of him one day and told him he would be a much better lead than Terriss. Unfortunately he believed it and from then on he had the idea that Bill was the reason he didn't get the big roles. Then, one day, he showed up, completely drunk and belligerent, and Bill had him fired."

> ## HAVE SOMEONE FIRED
>
> Etwas, das man nicht selbst tut, sondern tun lässt, drückt man mit **have** + past participle aus: **I've had my hair cut.** *Ich habe mir die Haare schneiden lassen.* Hier bedeutet es, dass Terriss Archer nicht selbst entlassen hat, sondern dafür sorgte, dass er entlassen wurde.

„He had to have him fired", fügt Mr Colston hinzu. „He had no choice. He felt bad for him though, and he tried to find work for him ever since." „Not very successfully", bemerkt Irving mit einem bitteren Lachen. „Archer always forgot his lines, and he didn't get along with his fellow actors. Just last week he auditioned for a part in Titus Andronicus at the Lyceum", erzählt er weiter. „He didn't remember a word from his text. I sent him away. On the way out he complained that I was Bill's friend, and he didn't get the role because of Bill."

„So where do we find this Mad Archer?", fragt Wood schließlich. Mr Colston reicht ihm ein Blatt Papier. „I knew you would want to know. This is his address."

WORTSCHATZ

contributor *Beitragszahler/in*
in sb's mind *in jds Vorstellung*
to make fun of sb *sich über jdn lustig machen*
lead *Hauptdarsteller/in*
from then on *seit dieser Zeit*
belligerent *streitlustig*
choice *Wahl*
ever since *seither*
successful *erfolgreich*
to get along with sb *mit jdm auskommen*
fellow actors *Schauspielkollegen*
to audition *vorsprechen*
to complain *sich beschweren*

Kurz darauf stehen Wood, Annie und Peter in Archers Zimmer, das seine höchst nervöse Zimmervermieterin für die Polizei geöffnet hat. Es riecht nach Schweiß und Alkohol, alles ist durcheinander. Archer selbst ist nicht da. Der Schreibtisch steht voller Flaschen, auf dem Bett liegt ein aufgeschlagenes Tagebuch.

WORTSCHATZ

to hold sb back *jdn zurückhalten*
throne *Thron*
branch *Zweig*
to lift *anheben*

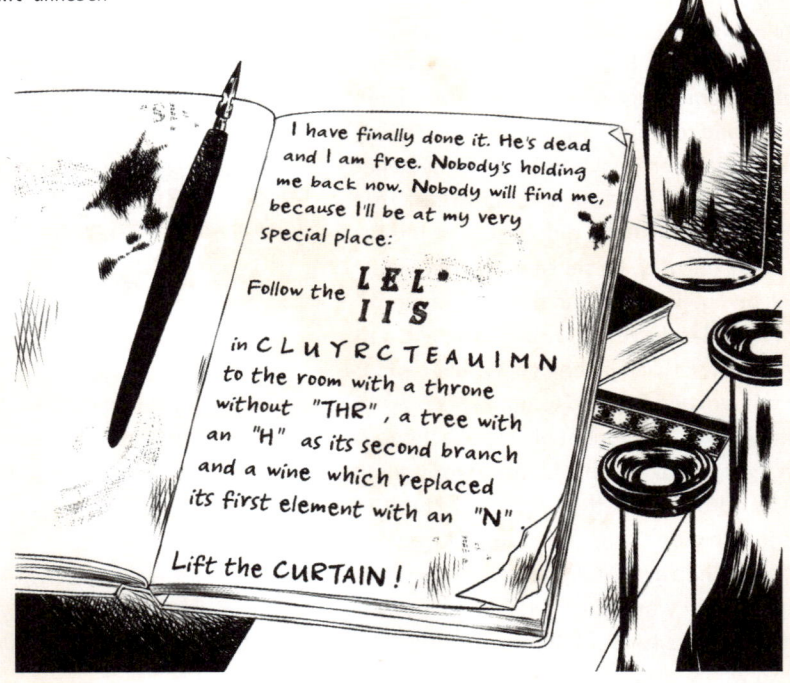

I have finally done it. He's dead and I am free. Nobody's holding me back now. Nobody will find me, because I'll be at my very special place:

Follow the **L E L**
I I S

in **C L U Y R C T E A U I M N**
to the room with a throne
without "THR", a tree with
an "H" as its second branch
and a wine which replaced
its first element with an "N"

Lift the CURTAIN!

 Wie und wo versteckt sich Mad Archer?
In welchem Raum hält er sich auf? Die Raumnummer entspricht
der Seite mit dem Finale des Falls.

CASE FILES

Hinweise
und Lösungen

1 Zähle die einzelnen Schiffs-elemente und ergänze die Segel-aufdrucke um die angegebenen Striche. Jede Zahl entspricht einem Buchstaben.	**2** Rahmen auf Rahmen! Mit den richtigen Umrandungen ergeben sich auf dem Spiegel Buchstaben.	**3** Wenn es fünf Häuser mit geraden Hausnummern sind und nur eine Hausnummer zweistellig ist, muss es sich um die Haus-nummern 2, 4, 6, 8, 10 handeln.
4 Ein englisches Synonym für „crazy" ist „mad". Das zweite Wort ist eine andere Bezeichnung für das Sternzeichen „Sagittarius" – auf Deutsch „Schütze".	**5** Für den entscheidenden Hinweis und den Code braucht es die vorherigen Rätsel des Kapitels. Gesucht sind der Beweis, den Christiana hinterlassen hat und drei Ziffern, die gemeinsam die Seitenzahl des Kapitelendes ergeben.	
6 Man muss wirklich ganz genau „THIRTEEN LETTERS" streichen, um den Titel des Theaterstückes zu erkennen.	**7** Von jeder der drei Zeichnun-gen braucht es bestimmte Buch-staben vom Anfang oder Ende des Wortes.	**8** Erst die Anfänge. Dann die Enden.
9 Centre, Up, Up, B, Down, A, Right, Down	**10** Im Zick-Zack durch die Buch-staben.	**11** Jeweils zwei Buchstaben bil-den einen Buchstaben der Lösung. Auffällig: Die kryptischen Buchsta-ben sind im Alphabet immer zwei Schritte voneinander entfernt.
12 Das Logo auf der Pralinen-schachtel gibt den Weg vor.	**13** Die untere Tafel lag vorher auf der oberen Tafel und wurde an der langen Kante nach unten weggeklappt.	**14** Abwarten und Tee trinken: Der Tee wird die Antwort liefern!
15 Für den Code braucht man die vorherigen Rätsel des Kapitels. Gesucht sind eine Bezeichnung für eine Person und drei Ziffern, die gemeinsam die Seitenzahl des Kapitelendes ergeben.	**16** Von Zahl zu Zahl. Zeile für Zeile.	**17** Welcher Glaskolben entspricht dem kreisförmigen „poison"-Kol-ben? Löse die Gleichung!
18 Jede Zeile liefert einen Buch-staben. Bringe sie in die richtige Reihenfolge.	**19** Für den entscheidenden Hin-weis und den Code braucht es die vorherigen Rätsel des Kapitels. Gesucht sind ein Beruf und drei Ziffern, die gemeinsam die Seiten-zahl des Kapitelendes ergeben.	**20** Alle Motive nach vorne! Dann von oben nach unten!

21 Über die Tabelle kann man die Buchstaben der einzelnen Farben sortieren.

22 Für das Versteck von Mad Archer und die Raumnummer braucht es die vorherigen Rätsel des Kapitels. Gesucht sind drei Ziffern, die gemeinsam die Raumnummer und die Seitenzahl des Kapitelendes ergeben.

23 Für den Code braucht es die vorherigen Rätsel des Kapitels. Gesucht sind drei Ziffern, die gemeinsam die Seitenzahl des Kapitelendes ergeben.

24 Betrachte nur die oberste und die unterste Gleichung.

25 Es müssen erneut Striche „aufeinandergeklappt" werden. North, East, South, West. Zu sehen sind außerdem ein RIVER und ein BONE.

26 Verbinde die angegebenen Zahlen in der vorgegebenen Reihenfolge. Jede Zeile für sich!

27 Es muss erneut im Zick-Zack gelesen, nur jeder zweite Buchstabe betrachtet und die Umschreibungen entschlüsselt werden.

28 Von den Wegangaben braucht es jeweils nur einen bestimmten Buchstaben.

29 Es müssen alle Motive nach vorne gebracht werden, sodass die Aufzählungspunkte direkt übereinanderstehen.

30 In der Zeile mit „Greenwich" sind das „I" und die „6" markiert. Das „I" muss an die 6. Position.

31 Die Form der Fensterrahmen muss über die Zeichen auf dem Rahmen des Spiegels gelegt werden, um die Zeichen entziffern zu können.

32 Der dritte gelbe Buchstabe gehört an die 1. Position des gelben Wortes. Der erste gelbe Buchstabe an die 2. Position des gelben Wortes …

33 Die Kreidespuren haben sich auf beiden Tafeln verteilt. Wie ergänzen sich die einzelnen Striche?

34 Die verzierenden Zick-Zack-Linien unter und über den Buchstaben geben den Weg vor.

35 Betrachte die Wortanfänge. Danach die Wortenden.

36 Es müssen erneut Wörter auf eine Ebene vorgezogen, Buchstaben in der Mitte gefunden und Rahmen gesetzt werden.

37 Es handelt sich bei den Zeichnungen um ein „SEAHORSE", einen „DRAGON" und einen „PRINCE".

38 Betrachte nur jeden zweiten Buchstaben.

39 Es müssen erneut Wortanfänge und -enden betrachtet werden. Der Dreiecks-Kolben entspricht zwei der kreisförmige Kolben. Es braucht die Gleichungen von der Tafel des Chemikers.

40 Die römischen Ziffern bilden eine Zahl, wenn man sie im Kreis verbindet, wie beim Hunderätsel. „pharmacy" steht für die Hausnummer der Apotheke aus dem Rätsel des Hutmachers und der Anker für dieselbe Zahl wie beim Schlüsselanhänger-Rätsel. Die farbigen Buchstaben beziehen sich auf die farbigen Worte von der Rückseite des Fotos von Müller.

41 Es gibt zwei Masten, zwei dreieckige und sieben rechteckige Segel. Jede Zahl steht für eine Position im Alphabet.

42 Bei diesem Code würde ein „B" als „AC" dargestellt werden.

43 Die Milchspuren im Tee geben vor, welche Teile des Aufdrucks zu berücksichtigen sind.

44 Der Buchladen hat die kleinste Hausnummer: 2. Die Hausnummer der Bäckerei entspricht der doppelten Hausnummer des Schuhmachers. Es kann sich dafür nur noch um die Hausnummern 4 und 8 handeln.

45 Folge dem Weg des Logos! Jeder Kreis steht für ein Wort-Fragment.

46 Eine weibliche Bedienstete wird auf Englisch als „maid" bezeichnet. Eine Person, die Gebäude entwirft, ist ein Architekt. Auf Englisch: architect.

47 Was Henry Spratt eigentlich sagen wollte: synonym to crazy: mad / female servant: maid (without the l = mad) / person who designs buildings: architect (first four letters = arch) / another word for Sagittarius: archer. Der gesuchte Schauspieler heißt also MAD ARCHER.

48 Im Tee steht „word 3 + 6". Nimmt man das 3. und das 6. Wort von der Beschriftung der Teedose, ergibt sich: „JUST" + „ICE" = JUSTICE

49 Klappt man die untere Tafel in Gedanken wieder nach oben und ergänzt so die Kreidespuren miteinander, ergibt sich das Wort: HUSBAND

50 Setzt man die oberste Gleichung in die unterste Gleichung ein, erkennt man, dass der kreisförmige „poison"-Kolben dem „add later"-Kolben entspricht. Das Gift wurde den Pralinen also erst später hinzugefügt!

51 Drei Buchstaben vom Anfang des Wortes „SEAHORSE", ein Buchstabe vom Ende des Wortes „DRAGON" und zwei Buchstaben vom Ende des Wortes „PRINCE". Annie plant also zu einer SEANCE zu gehen!

52 In jeder Zeile ist ein Buchstabe und dessen Position in der Lösung markiert. So kommt Peters Schlussfolgerung zustande: WITNESS = RECIPIENT

53 Verbindet man je Zeile die angegeben Zahlen, entsteht jeweils ein Buchstabe. So ergibt sich das Lösungswort und der Name des Hundes: ROVER

54 Liest man die Türbeschriftungen im Zick-Zack (statt Zeile für Zeile) erkennt man, wohin die einzelnen Türen führen: MAINSTAGE - BACKSTAGE - ORCHESTRA. Annie muss also die mittlere Türe nehmen.

55 Von jeweils zwei Buchstaben muss man den Buchstaben, der im Alphabet zwischen ihnen steht, nehmen. „EG" steht also für „F", weil F im Alphabet zwischen „E" und „G" steht. So ergibt sich die Lösung: FOOT FOUND.

56 Die kleinen Kreise im Logo auf der Pralinenschachtel repräsentieren die Wort-Fragmente auf dem Zeichenblock. Folgt man den Linien, die zwischen den Kreisen gezogen sind, ergeben sich Annies wahre Gedanken: START INVESTIGATION

57 Die Ermittler müssen zur Haubenmacherin (BONNET MAKER) gehen, um mehr zu erfahren. Das Finale des Kapitels ist auf Seite 130.

58 Christianas Mutter hat anscheinend mitbekommen, dass sie POISON CALCULATIONS erstellt hat. Diese Giftberechnungen in ihrem Tagebuch und das Finale des Kapitels findet man auf Seite 135.

59 Betrachtet man nur jeden zweiten Buchstaben in der Buchstabenfolge, kann man zwei Dinge lesen: THIRTEEN LETTERS und TITUS ANDRONICUS. Würde man also „THIRTEEN LETTERS" streichen, bleibt der Name des Theaterstücks stehen.

60 Jede Zeile verschlüsselt einen Buchstaben: zwei Masten - B , das Ankersegel bildet die 18 - R, zwei schmale + fünf eckige Segel = 7 - I, sieben eckige Segel - G, das Steuerradsegel bildet die 19 - S. So ergibt sich der verschlüsselte Name auf dem Schlüsselanhänger: BRIGGS

61 Die Ermittler müssen den LILIES im LYCEUM Theater folgen zur Raumnummer: ONE THREE NINE. Das Finale des Kapitels ist auf Seite 139.

62 Die Zahlen geben an, welcher Buchstabe jeweils gemeint ist: Centre, Up, Up, B, Down, A, Right, Down: CUPBOARD

63 Mit den Rätselmechaniken des Kapitels ergibt sich die Botschaft: BELIEVER ONE THREE SIX – nur ein wahrer „BELIEVER" findet also den richtigen Weg zur angepriesenen Séance. Das Finale des Kapitels ist auf Seite 136.

64 Wenn man bereits weiß, dass die Bäckerei die Hausnummer 8 hat, ergibt sich auch, dass die Apotheke die Hausnummer 6 hat. Für das gesuchte Haus bleibt also nur die Hausnummer 10 übrig: Buchladen 2, Schuhmacher 4, Apotheke 6, Bäckerei 8, gesuchtes Haus 10.

65 Überträgt man die Form der Fensterrahmen auf den Rahmen des Spiegels, ergeben sich links und rechts jeweils drei Buchstaben, die den Familiennamen des Dienstmädchens ergeben: LAWLER

66 Die römischen Zahlen bilden eine 1. Pharmacy = 6 , Anker = 3, damit ist die zweite Ziffer eine 3. Der dritte grüne Buchstabe ist ein T, der erste blaue ein W und der dritte gelbe ein O = TWO. Das Finale des Kapitels ist auf Seite 132.

67 Betrachtet man die Anfangsbuchstaben von Annies Notizen und danach die Endbuchstaben, kann man ihre Geheimbotschaft an Peter lesen: CHILDREN POISONED

68 Die Tabelle gibt von unten nach oben die Reihenfolge der Buchstaben der einzelnen Farben an. Die Adresse lautet: OLD FORD BOW 16 PARK TERRACE

69 Sind alle Motive parallel übereinander angeordnet, kann man am kleinen Pfeil von oben nach unten das eigentliche Motiv ablesen: GREED – Gier.

70 Sehr gut! Du hast das Hinweis- und Lösungssystem gemeistert. Jetzt kannst du dich in die Ermittlungen stürzen!

Author's Notes

Zunächst einmal: Den London Crime Courier gab es in Realität nicht, obwohl es ihn gut hätte geben können. Die Viktorianische Leserschaft lechzte nach Skandalen und Verbrechen – wer diesen Band in Händen hält, kann die Faszination sicherlich nachvollziehen. Das 19. Jahrhundert, eine Zeit atemberaubenden Fortschritts, brachte ein exponentielles Wachstum des geschriebenen Wortes mit sich, eine wahre Explosion im Angebot an Lesestoff. Pamphlete zu moralischen und politischen Themen, Anleitungen, intellektuelle Monatsschriften, Haushaltsmagazine und eine Vielzahl an Zeitungen und Zeitschriften – gedruckt wurde, was die zunehmend leistungsfähigere Druckerpresse hergab. Extrem beliebt: Kriminalgeschichten und **Gothic tales**, Gruselgeschichten. Befeuert wurde das Angebot durch gestiegene Nachfrage: Ab den 1830ern konnten durch einen verbesserten Zugang zu Schulen zunehmend mehr Menschen, auch aus Mittelschicht und Arbeiterklasse, lesen. Charles Dickens veröffentlichte seine bis heute extrem populären Romane, in denen der Appetit auf Unterhaltung, Skandal und Verbrechen bedient wurde, als Fortsetzungsgeschichten in der Zeitung und würzte sie mit Kommentaren zum Zeitgeist und kräftiger Gesellschaftskritik. Sogenannte **penny dreadfuls**, kleine, illustrierte Hefte, die für den Preis eines Penny verkauft wurden, versprachen der blutrünstigen Leserschaft reich illustrierte Schauergeschichten – zu echten Kriminalfällen oder auch zu bis heute ungeklärten Vorkommnissen, wie den Sichtungen von Spring-Heeled Jack, der von Bericht zu Bericht übermächtiger und übernatürlicher daherkam, bis er schließlich zur urbanen Legende wurde. Auch Zeitungen wie die London Illustrated News oder die Illustrated Police News lockten mit Abbildungen zu Kriminalfällen, an denen die Öffentlichkeit großen Anteil nahm. Öffentliche Hinrichtungen wurden rege besucht, es gab Henker, die nahezu Popstar-Status genossen. Dies ist der Hintergrund, vor dem unser London Crime Courier die Arbeit aufnimmt.

Auf den nächsten Seiten klären wir darüber auf, was in unseren True-Crime-Geschichten Fakt und was Fiktion ist. **Aber Achtung: Spoiler-Gefahr!** Du solltest diese Seiten erst lesen, wenn du die Fälle gelöst hast!

The Railway Murder

Der Mord an Thomas Briggs im Juli 1864 erregte großes Aufsehen, da er der erste Fall seit Beginn des Schienenverkehrs in Großbritannien war, bei dem ein Passagier zu Tode kam. Die Aufregung in der Öffentlichkeit war entsprechend groß, und der Prozess wurde nach der „Verfolgungsjagd" über den Atlantik zu einem der meistbeachteten des Jahrhunderts. Unser Fall folgt den tatsächlichen Indizien, die im Prozess angeführt wurden. Allein die Identifikation des Mordopfers stellte in der Realität kein Problem dar, diese Komplikation haben wir erfunden, und ich möchte mich für die Darstellung des Hutmachers in Marylebone entschuldigen: Es gibt keine Quellen, die Mr Walker aus der Crawford Street als skurril darstellen – wenngleich das im Infokasten beschrieben Mad Hatter-Syndrom durchaus die geistigen Fähigkeiten vieler Vertreter der Hutmacherzunft beeinträchtigte. Eine Anmerkung liegt mir am Herzen: Der Prozess gegen Franz Müller war ein reiner Indizienprozess, und es gab Zweifel an seiner Schuld. Nach dem Lesen der Gerichtsprotokolle teile ich diese, da vor allem die Aussagen des Zeugen Jonathan Matthews nicht immer glaubwürdig erscheinen und einige der Beweisstücke in direktem Zusammenhang mit ihm standen – nicht zuletzt der am Tatort zurückgelassene Hut, den Matthews nach eigener Aussage deswegen erkannt haben will, da er den gleichen besäße und den Hut für Müller bei Walker gekauft habe. Mit meinen Zweifeln kann ich die Hinrichtung freilich nicht verhindern (und bin damit in königlich-guter Gesellschaft, da auch König Wilhelm I. von Preußen mit dem Versuch scheiterte), wollte sie aber dennoch nicht unerwähnt lassen, nachdem ich das Schicksal des jungen Schneiders hier zu Unterhaltungszwecken benutzt habe.

Behind the Veil

Diesen Fall haben wir aufgenommen, obwohl es hier keine Leiche gibt. Dafür bringt der Fall um Francis Ward Monck viel Zeitkolorit mit – die Spannung einer Ära, in der technische und wissenschaftliche Neuerungen sich geradezu überschlugen und gleichzeitig der Glaube an das Übernatürliche ungeahnte Höhen erreichte. Pseudowissenschaften entstanden, die Wissenschaft und Esoterik verwoben, und mit vielem wurde in erster Linie Geld gemacht. Zudem erlaubt uns die Geschichte, Donald Sutherland Swanson zu begegnen – einem der legendären Detektive, die Jack the Ripper jagten. Die List, zu Monck als Patient vorzudringen, ist von Swanson in seinen „**Marginalia**" – *Randbemerkungen* – genau so überliefert.

The Headless Lady

Die Fakten dieses Falles stimmen weitgehend mit den Quellen überein, sogar die Briefe und Gerüchte, die besagten, Kate Webster habe nach dem Mord in der Nachbarschaft „Schmalz" in Töpfen verschenkt. Auch die Haubenmacherin, die durch ihre Aussage den Verdacht des vorsätzlichen Mordes erhärten konnte, gab es tatsächlich. Endgültige Beweise, dass Julia Thomas nicht durch einen Sturz von der Treppe gestorben ist, erbrachte erst eine Untersuchung ihres 2011 gefundenen Schädels: Der Gerichtsmedizinerin Alison Thompson zufolge wurde Thomas erstickt und durch Schläge auf den Kopf getötet.

A Seaside Mystery

Der Fall der Christiana Edmunds ist verstörend – und er geht auf eine tragische Familiengeschichte zurück. Christianas Mutter war getrieben von der Sorge, dass Geisteskrankheiten in der Familie liegen könnten. Die Sorge kam nicht von ungefähr, da ihr Ehemann, Christianas Vater, in geistiger Umnachtung gestorben war. Der einstmals erfolgreiche und zielstrebige Architekt hatte nach und nach seinen Verstand verloren, die Familie verlor ihr Vermögen durch die Kosten für ein Sanatorium, das sie sich schließlich nicht mehr leisten konnte. Die Mutter ahnte nicht, dass der Auslöser seiner schrecklichen Krankheit eine unbehandelte Syphilis war, die gleichzeitig der Grund war, dass ihr jüngster Bruder körperliche und geistige Defizite hatte und früh starb, und sich eine ihrer Schwestern das Leben nahm. Christiana, vor der Infektion des Vaters gezeugt, war nicht mit Syphilis belastet, wohl aber von dem Schatten, der über der Familie hing. Wie sehr und ob Dr Beard Christianas Avancen ermutigte, steht zur Debatte – an einer ganzen Reihe von Giftanschlägen wollte er nicht schuld sein und meldet sich, anders als in unserer Geschichte, selbst bei der Polizei.

The Last Act

Hier habe ich geflunkert: Der Mord an Schauspiellegende William Terriss war schnell aufgeklärt, da sich Richard Archer Prince nach der Tat recht problem- und widerstandslos festnehmen ließ. Die Details rund um den Fall, Richard Archer Princes fixe Idee, Terriss sabotiere seine Karriere, all das entspricht überlieferten Quellen.

Alphabetische Wortliste

A

a big deal	eine große Sache
a bit	ein wenig
a great deal	sehr stark, sehr viel
a lot	viel
a lot to lose	viel zu verlieren
abattoir	Schlachthof
about	ungefähr
absolutely	absolut, völlig
academic	akademisch
to accept	akzeptieren
accident	Unfall
to accuse	beschuldigen
across the street	auf der gegenüberliegenden Straßenseite
to act	(Theater) spielen
actually	tatsächlich
admirer	Bewunderer/in
to admit	zugeben
to adopt	adoptieren
adventurous	abenteuerlich
advertisement	Werbeanzeige
affair	Affäre, Verhältnis
to afford	(sich) leisten
after all	hier: trotz allem
agitated	aufgebracht
ago	vor (zeitlich)
air	Luft
Albert chain	Uhrkette benannt nach Prinz Albert
ale house	Bierkneipe
alibi	Alibi
all at once	alle auf einmal
all kinds of	alle möglichen
all over	überall
all the rage	der letzte Schrei
alone	allein
also	auch
always	immer
angel	Engel
ankle	Knöchel, Fußgelenk
anniversary	Jahrestag
answer	Antwort
to answer the door	die Tür öffnen
anxiety	Angstgefühl
anyway	überhaupt
apparently	scheinbar
to appear	auftauchen

Archer	Nachname; auch: Bogenschütze
architect	Architekt/in
area	Gebiet
argument	Streit
around	ungefähr (Zeitpunkt)
arrest	Festnahme
to arrest	festnehmen
to arrive	ankommen
arsenic	Arsen
article	Artikel
as always	wie immer
as if she had seen a ghost	als ob sie einen Geist gesehen hätte
to assure	versichern
at all	überhaupt
at first	zuerst, zunächst
at once	sofort
at peace	zufrieden, ruhig
to attack	angreifen
to attend sth	an etw teilnehmen
attendee	Teilnehmer/in
to attract	anziehen
to audition	vorsprechen
aura	Aura
away on business	geschäftlich unterwegs
axe	Axt

B

back	zurück
back door	Hintertür
back room	Hinterzimmer
back then	damals
backstage	hinter der Bühne
badly injured	schwer verletzt
baker's	Bäckerei
baker's	Bäckerei
balderdash	veraltet: Unsinn
bandage	Verband
to bark	bellen
to be alighted	abgesetzt werden
to be back soon	gleich zurück sein
Be gone!	veraltet: Verschwinde(t)!
to be in one's midfifties	Mitte fünfzig sein
to be known	bekannt sein
to be on to sth	etw auf der Spur sein

to be sentenced	verurteilt werden
to be supposed to do sth	etw tun sollen
to be the case	der Fall sein
to be up against sb/ sth	jmd/etw gegenüberstehen
bedsheet	Bettlaken
being	Wesen
to believe in sth	an etw glauben
belligerent	streitlustig
to belong to sb	jdm gehören
benevolent being	wohlwollendes Wesen
benevolent fund	Wohltätigkeitsstiftung
to berate sb	jdn zurechtweisen
betrayal	Betrug
between	zwischen
bird	Vogel
bleeding	Blutung
to block sb's way	jdm den Weg versperren
blood	Blut
bloody	blutig
to board	an Bord gehen
body	Körper; Leiche
bone	Knochen
bookseller	Buchhändler
borough	Bezirk
box	Schachtel, Kiste
brain	Gehirn
branch	Zweig
brand	Marke; hier: Art
to break off	trennen, auflösen
to break out	ausbrechen
to break the door down	die Tür aufbrechen
to breathe	atmen
to burn	(ab-)brennen
business	Geschäft
butcher	Metzger/in
by the name of	mit dem Namen

C

cab	Taxi (Kutsche oder motorisiert)
cake	Kuchen
to call	rufen
to call a doctor	einen Arzt rufen
to call at a house	ein Haus besuchen
to cancel	absagen
capable	kompetent
cape	Umhang
carriage	Waggon
cart	Wagen
case	Fall
cast	Ensemble
to catch	fangen, schnappen

to catch sth	hier: sich mit etw anstecken
cause of death	Todesursache
cemetery	Friedhof
chain	Kette
chamber pot	Nachttopf
chance	Chance
to change	ändern, wechseln
to change her mind	ihre Meinung ändern
character	Eigenschaften, Charakter
chart	Schaubild, Diagramm
to chat	plaudern
cheap	billig
cheese	Käse
chemist	Chemiker/in
chest	Truhe, Kiste
chief clerk	Bürochef/in
chief constable	Polizeichef/in
chief fire officer	Feuerwehrkommandant/in
chocolate creams	gefüllte Pralinen
chocolate limes	Bonbons mit Zitrus-Schokoladengeschmack
choice	Wahl
circumstantial evidence	Indizienbeweis
to claim	behaupten
clairvoyant	Hellseher/in
claw	Klaue
to clean up	sich frisch machen, sich säubern
to cleanse	reinigen
clear	klar
clearly	eindeutig
client	Kunde, Kundin
cloak	Umhang
close	nah
clothes	Kleider
clothesline	Wäscheleine
clue	Hinweis
coal porter	Kohleträger/in
cobblestones	Kopfsteinpflaster
cocoa powder	Kakaopulver
code	Code
coincidence	Zufall
to collapse	zusammenbrechen
colleague	Kollege, Kollegin
to collect	einsammeln, sammeln, holen
Cologne	Köln
to come forward	sich melden
to come home	nach Hause kommen
to comment on sth	etw kommentieren
to commit murder	Mord begehen
to communicate	kommunizieren

Auflösung

Der kleine Laden befindet sich versteckt in einer Seitengasse in Hammersmith. „Are you Mary Durden?", fragt Annie die junge Frau, die an einem hohen Arbeitstisch steht und gerade künstliche Blumen auf einer Haube befestigt. „Yes", antwortet die Frau. „You have found me. I thought you would." Nach anfänglichem Zögern erklärt Mary Durden Annie, warum sie nicht zur Polizei gegangen ist: „I've had my own troubles, I am afraid of the police." Außerdem habe sie sich nichts dabei gedacht, als Kate Webster, die Durden aus dem nahegelegenen Pub **The Rising Sun** kannte, in ihren Laden kam, um sich eine neue Haube zu bestellen. „She wanted something really nice and expensive, and I asked her if that wasn't too expensive. And that's when she said she had inherited a lot of money and jewellery." Eine Tante in Birmingham, so erinnert sich die Haubenmacherin, sei angeblich gestorben – aber nun sei es ja klar, dass es diese Tante nie gegeben habe. Anni legt die Stirn in Falten: „But that still doesn't prove she planned the murder ... it just proves she stole money and jewellery from her dead employer." „Oh Miss, you don't understand. You see, she came to my shop on Wednesday, 25 February – that was five days before Mrs Thomas died!"

Annies Gewissen war damit beruhigt. Bis es einen endgültigen Beweis für den Mord gab, sollten aber noch 131 Jahre vergehen: 2011 kaufte der britische Naturfilmer Sir David Attenborough sein Nachbargrundstück. Darauf stand noch immer ein alter Pub – **The Hole in the Wall**. Bei Renovierungsarbeiten wurde ein Schädel gefunden. Die Vermutungen, es könne sich um den Schädel von Julia Martha Thomas handeln, die in unmittelbarer Nachbarschaft gelebt hatte, wurden von Gerichtsmedizinerin Alison Thompson bestätigt. Die Radiokarbonmethode datiert den Schädel auf die richtige Zeit, fehlendes Kollagen deutet darauf hin, dass der Knochen gekocht wurde. Der Kopf verrät auch mehr über den Tathergang: Die Brüche im Schädelknochen lassen die Vermutung zu, dass es den Streit nie gab, sondern Webster ihre Arbeitgeberin am Kopf der Treppe mit der Axt erschlug. Dafür spricht, dass die Nachbarinnen trotz dünner Wände weder Streit noch Schreie hörten. Zudem hatte die Polizei am oberen Ende der Treppe Blut gefunden, was ebenfalls gegen die Treppensturzgeschichte spricht.

	companionship	Gesellschaft
	company	Gesellschaft
to	complain	sich beschweren
	complaint	Beschwerde
to	condemn sb	jdn verurteilen
to	confess	gestehen, zugeben
	confession	Geständnis
to	confirm	bestätigen
	congregation	Gemeinde
	connected	in Verbindung
	connection	Verbindung
	conscience	Gewissen
	conscientious	gewissenhaft
	constable	Polizist/in
to	construct	konstruieren
to	consult	um Rat fragen
to	contain	enthalten
	contributor	Beitragszahler/in
	conventional	konventionell
	conviction	Verurteilung
to	convince	überzeugen
	coroner	ermittelnder Beamter
	couple	Paar
	couple of	einige
	cover story	Tarngeschichte
	covered	bedeckt
to	crack a code	einen Code knacken
	crazy	verrückt
	creepy	unheimlich
	crime scene	Tatort
	crowded	überlaufen, voll
	culprit	Schuldige/r
	curious	neugierig
	curtain	Vorhang
	cushion	Polster
to	cut up	auseinanderschneiden

D

	damage	Schaden
	dangerous	gefährlich
	darling	Liebling
	daughter	Tochter
	dear	mein Lieber, meine Liebe
	death	Tod
	deathly	wie der Tod
	decent	ordentlich
	degree	Abschluss
	delicate personal matter	heikle persönliche Angelegenheit
	delusional	wahnhaft
to	deny	leugnen, abstreiten
	desk	Schreibtisch
	despair	Verzweiflung
to	destroy	zerstören
to	detach	abkoppeln
to	develop	entwickeln

	devious	hinterlistig
	devout	fromm
to	die	sterben
	dinner	Abendessen
	dinner jacket	Smokingjacke
	direction	Richtung
to	disappear	verschwinden
to	discover	entdecken
to	disembark	von Bord gehen
	disgusting	ekelhaft
to	dismember	zerstückeln
to	dissolve	sich auflösen
to	do sth to sb	jdm etw antun
	door	Tür
	doorkeeper	Pförtner
to	double	verdoppeln
	doubt	Zweifel
	down the road	die Straße runter
to	draw attention to sth	die Aufmerksamkeit auf etw lenken
	drawing room	Salon
	dream	Traum
to	dress	sich anziehen
	dressing room	Garderobe
	dripping	Schmalz
	droll	drollig, skurril
to	drop dead	tot umfallen
to	drop sb/sth off	etw/jdn abliefern
to	drop sth	etw fallen lassen
	drunk	betrunken
	duck	Ente
to	dump sth	etw wegwerfen
	duo	Duo
	dust	Staub

E

	early tomorrow	zeitig morgen früh
to	earn	verdienen
	edition	Ausgabe
	editor	Herausgeber/in
	either ... or	entweder ... oder
	elastic	Gummiband, -faden
to	employ	anstellen
	employee	Angestellte/r
	employer	Arbeitgeber/in
	enemy	Feind/in
	energetic	energisch
	energy	Energie
to	engage sb	jdn engagieren
	engaged	verlobt
	engagement	Verlobung
	engraved head	eingravierter Kopf
	enough	genug
to	enquire	nachfragen
to	ensure	sicherstellen
to	erase	löschen
to	escape	entkommen

Auflösung

D er Polizist nickt. „That is correct." Er greift nach dem Mundstück seines Funkge-
räts. Captain Champion nimmt die Nachricht auf und informiert nun seinerseits
die Passagiere, dass – aufgrund angeblicher neuer Bestimmungen – jeder Passagier
einzeln von Bord gehen und sich für die Quarantäne und medizinische Untersu-
chungen registrieren müsse. Lange warten die Engländer, bis Franz Müller an der
Reihe ist. „Is that him?", fragt Tanner Matthews und Death, als ein junger Mann
von Bord geht. Beide bestätigen, und Franz Müller wird verhaftet. In seinem Besitz
befinden sich die Taschenuhr von Thomas Briggs und ein seidener Hut. Später im
Prozess wird festgestellt, dass der Hut am Tatort Müller gehörte, und dass es sich
bei dem Hut in Müllers Besitz bei der Festnahme um den von Briggs handelte, der
geändert wurde, damit er Müller passte. Doch nicht nur den Kopfumfang hat Müller
verändert, er kürzte auch die Höhe des Hutes. Es handelte sich um einen Zylinder
mit runder Krone: Der Bowler Hat war geboren. Durch Abbildungen Müllers in den
Zeitungen wurde das Aussehen des Hutes verbreitet – er traf wohl den Nerv der
Zeit und wurde, auch unter dem Namen **Muller hat**, sehr populär.

Die Öffentlichkeit war extrem interessiert an diesem Fall – erstmals war ein als
sicher angesehener Ort zum Schauplatz eines Verbrechens geworden. Als Müller
im Oktober desselben Jahres verurteilt und gehängt wurde, wohnte eine blutrüns-
tige Menge von 50.000 Menschen der Hinrichtung bei. Müller, der stets seine Unschuld beteuerte, soll unmittelbar vor der Vollstreckung noch gestanden haben.

Die Eisenbahngesellschaften sahen sich in der Pflicht, für mehr Sicherheit zu
sorgen. Ein erster Anlauf waren kleine Gucklöcher, die es Mitreisenden ermög-
lichten, im angrenzenden Abteil nach dem Rechten zu sehen. Da das aber eher zu
mehr Voyeurismus als mehr Sicherheit führte, kam ein Konzept zum Einsatz, das
bis heute Bestand hat: Die Wagen wurden mit **communication cords** *Notbremsen*
ausgestattet.

esteemed audience	geschätztes Publikum
evening	Abend
ever since	seither
evident	offensichtlich
evil	bösartig
exactly	genau
to examine	untersuchen
excellent	hervorragend
to exchange	austauschen
excited	aufgeregt
exciting	aufregend
excuse me	entschuldige, entschuldigen Sie
to exist	existieren
exit	Ausgang
to expect	erwarten
expensive	teuer
experience	Erfahrung
to exploit	ausnutzen
to expose	aufdecken, ans Licht bringen
exposed	überführt, bloßgestellt
extra	zusätzlich
eyeglasses	Brille

F

fabulous	fabelhaft
face	Gesicht
fairy tale	Märchen
to fall over	umfallen
false	falsch
familiar	vertraut
family crest	Familienwappen
fashionable	modisch
fast	schnell
fatty	fettig
features	Gesichtszüge
to feel bad	sich schlecht fühlen
fellow actors	Schauspielkollegen
fiancé	Verlobter
finally	endlich
to find out	herausfinden
fine	schick, hübsch, edel
finger sandwiches	Canapées
finger-ring	Ring
fire	Feuer, Brand
fire brigade	Feuerwehr
first class	erste Klasse
to fit in	hineinpassen
fitting	passend
to float	schweben
floor	Boden
to follow	folgen
for a while	eine Zeitlang
for yourself	selbst
foreigner	Ausländer/in
former	ehemalige

foul play	unsauberes Spiel; Verbrechen
fraud	Betrug; Betrüger/in
free	hier: kostenlos
friendly	freundlich
to frighten	Angst machen
frightening	furchteinflößend
from then on	seit dieser Zeit
fruit	Obst
funeral	Beerdigung
funny	lustig, seltsam
furious	wütend

G

general practitioner	Allgemeinarzt/-ärztin
generous	großzügig
gentleman	Herr
German-born	gebürtiger Deutscher
to get along	zurechtkommen
to get along with sb	mit jdm auskommen
to get in trouble	in Schwierigkeiten geraten
to get rid of	loswerden
to get sb	jdn erwischen
to get some rest	sich etwas ausruhen
to get sth in one's head	sich etwas einbilden
ghost healing	Geistheilung
to give notice	kündigen
glad	froh
to go down	hinabgehen
to go on	vor sich gehen
to go plan	nach Plan laufen
goddaughter	Patentochter
gold	golden
Good God	Oh Gott
Goodness!	Meine Güte!
to gossip	tratschen
grand opening	feierliche Eröffnung
great minds	kluge Köpfe
great-uncle	Großonkel
greed	Gier
grief	Trauer
gruesome	grausam
guilty	schuldig

H

half	Hälfte
handsome	gutaussehend
handwritten	handschriftlich
to hang sb	jdn hängen
to hang the washing	die Wäsche aufhängen
to happen	passieren
happiness	Zufriedenheit
hard	schwierig
hard labour	Zwangsarbeit
hardly surprising	kaum überraschend

	hat	Hut
	hate	Hass
	hatmaker	Hutmacher/in
to	have had enough of sth	von etw genug haben
to	have nowhere to go	nirgendwo hin können
to	have sth in common	etw gemeinsam haben
	he's after me	er hat es auf mich abgesehen
	headed for	auf dem Weg nach
	headless	kopflos
to	heal	heilen
	healing	Heilung
to	hear a pin drop	eine Stecknadel fallen hören
	heavy	schwer
	heel	Absatz
	height	Körpergröße
	Her Majesty's	Ihrer Majestät
to	hide	verstecken
	high amounts	große Mengen
	highly	äußerst
to	hold	abhalten
to	hold sb back	jdn zurückhalten
	homemade	hausgemacht
	honest	ehrlich
to	hope	hoffen
	hopeless	hoffnungslos
	horrible	grauenhaft, fürchterlich
	house fire	Hausbrand
	however	jedoch
	human	menschlich
	human remains	menschliche Überreste
	hungry	hungrig
	husband	Ehemann

I

	I didn't mean to	ich wollte nicht
	I feel bad	ich fühle mich schlecht
	I guess	ich glaube, ich denke
	identification	Identifikation
to	identify	identifizieren
	ill	krank
	illuminati	Illuminati
	illustrated	illustriert, bebildert
	I'm afraid	ich fürchte
to	imagine	sich vorstellen
to	imagine sth	sich etw vorstellen
	impertinent	unverschämt
	important	wichtig
	impossible	unmöglich
	improper	ungehörig
	in exchange for	im Tausch gegen
	in love	verliebt
	in sb's mind	in jds Vorstellung
	in the middle of	mittendrin

	in trouble	in Schwierigkeiten
	incidents	Vorfälle
	income	Einkommen
	incredible	unglaublich
	incredibly	unglaublich
	ingredient	Zutat
	inherit	erben
	injured	verletzt
	innocent	unschuldig
	inquest	Anhörung, Untersuchung
	intent	Absicht
	interested in sth	interessiert an etw
to	investigate	untersuchen, überprüfen
	investigation	Untersuchung, Nachforschung
	investigative	Detektiv-
	Is there anything the matter?	Gibt es ein Problem?
	it doesn't matter	es macht nichts aus
	It's a pity	es ist schade

J

	jealous	eifersüchtig
	jealousy	Eifersucht
	jewellery	Schmuck, Juwelen
to	join a company	hier: sich einem Ensemble anschließen
to	join hands	sich an den Händen fassen
to	join sb	sich jdm anschließen
	journal	Zeitschrift
	juicy	saftig; hier: pikant
to	jump	springen
	junction	Abzweigung, Kreuzung
	junior	Junior
	jurisdiction	Gerichtsbarkeit, Zuständigkeit
	jury	Geschworene
	just	nur, gerade
	just the opposite	ganz im Gegenteil
	justice	Gerechtigkeit

K

to	keep animals	Tiere halten
to	key	Schlüssel
to	kill sb	jdn umbringen
	killer	Mörder/in
	kind	Art
to	knock	klopfen

L

	label	Etikett
	lady	Dame, Frau
	lard	Schweineschmalz

Auflösung

Dr Beard beginnt zu erzählen: Christiana und ihre Mutter sind vor einigen Jahren nach Brighton gekommen, um schwere Schicksalsschläge zu verkraften. Er hatte Christiana als gute Zeichnerin beauftragt, einige anatomische Zeichnungen für die Klinik anzufertigen. Eine Freundschaft zwischen den Beards und Christiana entstand, sie begann bald, dem Doktor lange Briefe zu schreiben. Dr Beard fühlte sich geschmeichelt und erwiderte die Korrespondenz, auch noch als die Briefe zunehmend vertraulicher und schwärmerischer wurden. Doch dann, im Januar, als Dr Beard abwesend war, besuchte Christiana Emily. Nicht ungewöhnlich, bis auf ein seltsames Vorkommnis: Christiana brachte eine Tüte Chocolate Creams als Geschenk. Eine Praline nahm sie aus der Tüte und steckte sie Emily direkt in den Mund. Emily wehrte irritiert ab und verließ den Raum. Sie spuckte die metallisch schmeckende Praline aus. Christiana ging und noch am selben Abend quälten Emily Krämpfe und Schmerzen. Dr Beard hatte einen Verdacht: Christiana wollte Emily vergiften, um die nächste Mrs Beard zu werden. Er konfrontierte sie und brach den Kontakt ab. Christiana beteuerte ihre Unschuld, sie selbst habe von den Pralinen gegessen und sei daher ebenfalls ein Opfer, doch Dr Beard glaubte ihr nicht.

Inspektor Gibbs nickt: Christiana glaubte, wenn sie ihre Unschuld beweisen könne, sei ihr Verhältnis zum Doktor gekittet. Sie verbiss sich zunehmend in die Idee, mehr Vergiftungen (und eine Verurteilung Maynards) könnten sie in den Augen ihres Angebeteten entlasten. In die Pralinen kam das Gift so: Christiana bezahlte ein paar Schuljungen, ihr Pralinen bei Maynards zu kaufen. Als diese ihr die Einkäufe brachten, erklärte sie, das sei die falsche Sorte und schickte sie zurück zum Umtauschen. Unbemerkt hatte sie aber inzwischen die neuen Pralinen mit einer Tüte vergifteter vertauscht. Die Verkäuferin bei Maynards legte die umgetauschten Pralinen einfach in die Vitrine zurück – und so wurden sie wieder verkauft, mit verheerenden Folgen. Mrs Edmunds, Christianas Mutter, hatte ihre eigenen Befürchtungen. Ihr Ehemann, ein Architekt, hatte den Verstand verloren, mehrere ihrer Kinder waren gestorben. Sie fürchtete, ihre Tochter sei wahnsinnig. Mrs Edmunds konnte nicht wissen, dass die Demenz und der Tod ihres Mannes von Syphilis ausgelöst worden waren, die wohl auch Christianas jüngere Geschwister bereits im Mutterleib schädigte. Christiana wurde verurteilt und verbrachte den Rest ihres Lebens im Broadmoore Lunatic Asylum for the Criminally Insane.

Auflösung

Swanson gähnt und lässt sich lethargisch auf die Liege sinken, die in Moncks Behandlungszimmer auf den Gewinner des Rätsels wartet. „I have no energy at all", sagt er mit gedehnter Stimme. „Don't worry, the doctor will help you right away", versichert ihm Burns, der allem Anschein nach auch die Rolle von Moncks Assistenten übernommen hat. Monck betritt den Raum mit energischen Schritten und verkündet zuversichtlich: „Whatever you suffer from – I'll heal you!" Kaum hat er dem Inspektor seine Hände aufgelegt, springt dieser auf und ruft begeistert: „Sir, you have cured me! I was a lethargic patient, but now I'm a Scotland Yard Detective, and you're under arrest!" So ähnlich zumindest hat Donald Sutherland Swanson die Verhaftung des bekannten Spiritisten aufgeschrieben. Der Polizeibeamte, der später mit der Untersuchung des Jack the Ripper-Falles bekannt werden würde, hat zwar keine Autobiografie hinterlassen, aber die so genannten *Swanson Marginalia* (Randbemerkungen), in denen er einiges über seine Fälle und die Arbeit Scotland Yards verrät, unter anderem auch über diesen Fall. Monck musste nach seiner Festnahme die drei Monate im Gefängnis absitzen, zu denen er verurteilt worden war, nachdem er bei einer Séance in Huddersfield mit einer komplizierten Apparatur erwischt worden war, mit der er die „übernatürlichen" Effekte des Abends gesteuert hatte. Vor Gericht gab er zu, ein Betrüger zu sein – und seiner Ansicht nach seien das auch alle anderen, die sich Medium nannten, vielleicht mit Ausnahme einer Person aus Liverpool. Nachdem die große Zeit des gut bezahlten Spiritismus in England für ihn vorüber war, siedelte er in den 1880er-Jahren in die USA über, wo er in Brooklyn eine Kirche gründete und den Geistern und dem Spiritismus zugunsten eines deutlich religiöseren Stils von Wunderheilung (diesmal durch die Kraft Gottes) eine Absage erteilte, was zunächst sehr lukrativ war. Unter anderem verkaufte er „vitalisierte" Stoffstücke, mit denen er von Schwindsucht über Nierensteine bis Krebs alles heilen wollte – und er hatte Erfolg damit, bis er durch verschiedene Betrugsversuche abermals mit dem Gesetz in Konflikt kam. Ende der 1880er Jahre verliert sich seine Spur zwischen New York und Cleveland. Der Spiritualismus hingegen war noch lange nicht am Ende: Er hatte seine Hochphase gegen Ende des Jahrhunderts, ein verstärktes Interesse an Kommunikation mit den Toten brachte aber auch noch der Erste Weltkrieg, in dem viele Familien Familienangehörige fern der Heimat verloren.

last night	gestern Abend, gestern Nacht
late	spät
later that night	später am selben Abend
laundry	Wäsche
lead	Hauptdarsteller/in
to lead to sth	zu etw führen
leading lady	weibliche Hauptrolle
leather	Leder
to leave behind	zurücklassen
left	links
legit (kurz für legitimate)	sauber, berechtigt
less	weniger
to let sb go	jdm kündigen
to let sth go to waste	etwas verkommen lassen
lethargy	Lethargie
letter	Buchstabe; Brief
to lie	liegen
to lift	anheben
lily	Lilie
line	hier: Zuglinie, Verbindung
lines	hier: Text
to listen	zuhören
little chap	kleiner Kerl
live-in maid	Hausangestellte, die im Haus wohnt
to load	einladen
local	örtlich
to lock	abschließen
to lodge	zur Untermiete wohnen
lodger	Untermieter/in
to look through	durchsehen
to lose one's mind	verrückt werden
loved one	Angehörige/r
luck	Glück

 M

mad	verrückt; verärgert
madly in love	völlig verliebt
magazine	Zeitschrift
magnetism	Magnetismus
maid	Hausangestellte
to make contact	Kontakt aufnehmen
to make fun of sb	sich über jdn lustig machen
to make money	Geld verdienen
to make sense	Sinn ergeben
to make space	Platz machen
to make sure	sicherstellen
to make up for	ausgleichen
manner of death	Todesart
to marry	heiraten

maybe	vielleicht
mayor	Bürgermeister
to meditate	meditieren
medium	Medium
member	Mitglied
member of the cast	Ensemblemitglied
merchant	Kaufmann
to message	benachrichtigen
Messrs	Plural von Mr (mister)
metallic	metallisch
midnight	Mitternacht
mile	Meile (1,6 Kilometer)
mind	Geist, Verstand
to miss sb	jdn vermissen
to miss sth	hier: übersehen
missing	weg, fehlend
money	Geld
monstrous	monströs
month	Monat
more or less	mehr oder weniger
mostly	hauptsächlich
motive	Motiv
to move	hier: umziehen
to move away	wegziehen
to move out	ausziehen
moving van	Umzugswagen
much harder	viel schwieriger
murderer	Mörder/in
to murmur	murmeln
muscle	Muskel
music box	Spieluhr
muslin	Musselin
mystery	Geheimnis

N

naive	naiv, gutgläubig
near	nahe gelegen
nearby	nahe gelegen
neat	ordentlich
necessary	notwendig
née	geborene
to need	brauchen
neighbourhood	Nachbarschaft
neighbouring	benachbart
never	nie
newspaper	Zeitung
newspaper archive	Zeitungsarchiv
newspaper editor	Zeitungsverleger/in
next-door	nebenan
niece	Nichte
no idea	keine Ahnung
to nod	nicken
nonsense	Unsinn
not even	nicht einmal
not yet	noch nicht
Nothing bad will come of it.	Es wird nichts Schlimmes passieren.

to notice	bemerken	
now, ...	also	
nowhere	nirgendwo	
number	Nummer; Anzahl	

O

oblong	oval
of all times	aller Zeiten
of mine	mein/e; eine/r/s meiner
of yours	dein/e; eine/r/s deiner
off	hier: weg
Off you go!	Ab mit dir!
offender	Straftäter/in
to offer	anbieten
office	Büro
official	offiziell
Oh Lord	Lieber Gott
old fellow	veraltet: alter Freund
on board	an Bord
on the way	auf dem Weg
open	offen
to open an inquest	eine Untersuchung eröffnen
to overtake	überholen
to owe sth to sb	jdm etw schulden

P

to pack	packen
painful	schmerzhaft
painted	gemalt
pale	bleich, blass
panic	Panik
to panick	in Panik geraten
parcel	Päckchen
to pass sth around	etw herumgeben
passing	vorbeigehend
pat on the back	Schulterklopfen
patient	Patient/in
pawnbroker	Pfandleiher/in
to pay	zahlen
penny	Penny (Münze)
performance	Aufführung
personally	persönlich
pest control	Schädlingsbekämpfung
pharmacist	Apotheker/in
pharmacy	Apotheke
phosphomolybdic acid	Phosphormolybdänsäure
physician	Arzt/Ärztin
to pick sth up	hier: abholen
to pick up	mitnehmen; aufheben
picture	Bild
piece	Stück
pirate ship	Piratenschiff

to place sth	etw zuordnen, einordnen	
playscript	Skript (eines Theaterstücks)	
pleasure	Vergnügen	
plum cake	Pflaumenkuchen	
poison	Gift	
poisoned	vergiftet	
poisoning	Vergiftung	
police (Pl.)	Polizei	
popular press	Boulevardpresse	
port	Portwein	
possible	möglich	
powder	Pulver	
prank	Streich	
practically	praktisch	
to pray	beten	
prayer	Gebet	
Presbyterian	presbyterianisch	
to press sth against sth	etw gegen/auf etw drücken	
principals	hier: Hauptdarsteller	
to print	drucken	
private	privat	
to produce	hier: hervorbringen	
profession	Beruf	
profitable	lohnenswert	
proof	Beweis	
proper	anständig	
to propose	einen Antrag machen	
protection	Schutz	
proud	stolz	
to prove	beweisen	
to prove sth	etwas beweisen	
pub	Kneipe, Pub	
to publish	veröffentlichen	
punctual	pünktlich	
pursuit	Verfolgung	
to push	schieben, schubsen	
to push off	hinausstoßen	
to put blame on sb	jdm Schuld zuweisen	
to put sth on top	etw auf etw stellen	

Q

quality	Qualität
quarantine	Quarantäne
to quarrel	streiten
queen	Königin
quick	schnell
quite	ziemlich
quite possible	gut möglich
quite some time	eine recht lange Zeit

R

railway tracks	Bahngleise
random	zufällig
rather	ziemlich

Auflösung

Als Wood die Tür öffnet, strömt ein durchdringender Geruch von Lilien aus dem kleinen Raum. Die Kammer hinter der Bühne des Lyceum Theaters ist voller Blumen. An einer Wand lehnt ein zersprungener Spiegel, ein paar Holzkisten davor sind zu einer Art Schminktisch aufgestapelt. Annie haucht: **„These are the lilies from William Terriss' dressing room!"** Am Boden in einer Ecke hockt ein Mann, der Richard Archer Prince sein muss. Langsam hebt er die Augen. **„I had to do it"**, stößt er hervor. **„He was destroying my life. He kept me out of work. He took all my roles".** Wood schüttelt den Kopf: **„Richard Archer Prince, I'm arresting you for the murder of William Terriss."** Richard Archer Prince steht langsam und unsicher auf und lässt sich von Wood und einem Constable abführen. Bevor er die Kammer verlässt, dreht er sich noch einmal um und verbeugt sich, wie vor einem unsichtbaren Publikum.

„His final act", bemerkt Peter, als er und Annie wieder auf der Straße stehen. **„Hardly"**, antwortet Annie trocken. **„He'll act his part in court. But I don't want to think about him any longer. Our children will be home from boarding school tomorrow. Let's prepare for a nice Christmas at home."**

Annie hatte recht: Richard Archer Prince hatte noch viele Auftritte vor sich. Im Prozess um den Mord an William Terriss wurde er aufgrund von Geisteskrankheit schuldunfähig gesprochen, was Henry Irving zutiefst verärgerte: Wäre das Opfer kein Schauspieler gewesen, so war er sich sicher, hätte der Täter für sein Verbrechen hängen müssen. Statt einer Todesstrafe wurde der Mörder ins Broadmoor Criminal Lunatic Asylum eingewiesen, wo er bis zu seinem Tod im Jahr 1936 einsaß und das Gefängnisorchester dirigierte.

Anmerkung: Die Verhaftung von Richard Archer Prince erfolgte in Wahrheit unmittelbar nach dem Mord. Die in diesem Fall dargestellten Motive entsprechen aber den Tatsachen.

WORTSCHATZ

final act *letzter Akt*
hardly *kaum*
to act one's part *seine Rolle spielen*
in court *vor Gericht*
boarding school *Internat*

razor	*Rasierklinge*
to reach	*erreichen*
to read	*lesen*
reason	*Grund*
receipt	*Quittung*
to receive	*erhalten*
recent decades	*vergangene Jahrzehnte*
recently	*kürzlich, in letzter Zeit*
recipient	*Empfänger/in*
to recover	*sich erholen*
reference	*Referenz, Arbeitszeugnis*
to refuse	*sich weigern*
related	*zusammenhängend*
relationship	*Beziehung*
relatives	*Verwandte*
remainder	*Rest*
remains	*Überreste*
remark	*Bemerkung*
to remember	*sich an etw erinnern*
to remind sb of sth	*jdn an etw erinnern*
rent	*Miete*
to rent	*mieten*
to report	*berichten*
reputation	*Ruf, Ansehen*
to rescue	*retten*
research	*Nachforschungen*
residue	*Rückstand*
return address	*Absenderadresse*
revenge	*Rache*
reverend	*Pfarrer/in*
reward	*Belohnung*
riddle	*Rätsel*
right	*rechts*
right between	*genau zwischen*
rising star	*aufgehender Stern*
robbed	*ausgeraubt*
robbery	*Raub*
romantic couple	*Liebespaar*
rough	*hier: grob*
routines	*Gepflogenheiten*
royal crest	*königliches Wappen*
royal representative	*im Auftrag Ihrer Majestät*
rubbish dump	*Müllhalde*
to ruin	*ruinieren*
rumour	*Gerücht*
to run	*hier: betreiben*
to run like the devil	*wie der Teufel (los-) rennen*
to rush	*rasen*

S

sad	*traurig*
sadness	*Traurigkeit*
safe	*sicher*
safely	*sicher*

Sagittarius	*Sternzeichen Schütze*
sailor	*Seemann*
sample	*Probe*
to save	*retten, sichern*
to say goodbye	*sich verabschieden*
sb has run out of sth	*etw ist einem ausgegangen*
scandal	*Skandal*
to scare sb	*jdn erschrecken*
scared to death	*riesige Angst haben*
scene of the crime	*Tatort*
science	*Wissenschaft*
scientific way	*wissenschaftliche Methode*
Scot	*Schotte, Schottin*
Scotsman	*Schotte*
scoundrel	*Schurke, Schurkin*
to scratch	*kratzen*
to scrub	*schrubben, scheuern*
séance	*Séance*
secret	*Geheimnis*
to see a doctor	*sich ärztlich untersuchen/behandeln lassen*
to seek attention	*Aufmerksamkeit suchen*
to seem	*scheinen*
self	*Selbst*
to sell	*verkaufen*
to send out	*schicken*
series	*Reihe, Serie*
serious	*ernst, schwerwiegend*
servant	*Bedienstete/r*
session	*Sitzung*
several	*einige*
severely injured	*schwer verletzt*
shady deals	*zwielichtige Geschäfte*
shall we?	*Sollen/wollen wir?*
shape	*Form*
she couldn't take it any longer	*sie konnte es nicht mehr aushalten*
she was expected	*es wurde von ihr erwartet*
she's missing	*hier: ihr fehlt*
sheet music	*Notenblätter*
to shock	*schockieren*
shocked	*schockiert*
shoemaker's	*Schuster*
shop assistant	*Verkäufer/in*
shortly thereafter	*kurz darauf*
to show	*zeigen*
to show up	*erscheinen*
to shrink	*schrumpfen*
sick	*krank*
sighting	*Sichtung, Beobachtung*
sign	*Zeichen*
to sign	*etw unterschreiben*

significant	bedeutsam
silk	Seide
silk thread	Seidenfaden
to sink sth	etw versenken
size	Größe
sketch	Skizze, Zeichnung
skin	Haut
skull	Schädel
to slaughter	schlachten
slim	schlank
smart	schlau
smell	Geruch
so-called	sogenannte/r/s
to solve	lösen
some kind of	eine Art
some more	noch mehr
somehow	auf irgendeine Art
something else	noch etwas
something is wrong	etwas stimmt nicht
something personal	etwas Persönliches
to sound	erklingen, klingen
special offer	Sonderangebot
specific	bestimmt(e)
spider	Spinne
spinster	unverheiratete Frau
spirit	Geist
spiritual	spirituell
spiritualist	Spiritist/in
to spit	spucken, ausspucken
spring	hier: Sprungfeder
spring-heeled	etwa: Springteufel
to stab	stechen
stabbed	erstochen, niederge-stochen
to stage	auf die Bühne bringen, inszenieren
stage worker	Bühnenarbeiter/in
staircase	Treppenhaus
to state	feststellen, verkün-digen
to stay	bleiben
to stay with sb	bei jdm wohnen
steam engine	Dampfmaschine
steamer	Dampfschiff
stew	Eintopf, kräftige Suppe
sth never goes amiss	etw kann nicht schaden
stick	(Geh-)Stock
still	noch
to stir	umrühren
stomach infection	Magen-Darm-Infekt
straight line	gerade Linie
strange	seltsam
to strangle	erwürgen
to strike	zuschlagen, schlagen
to strike sb	treffen; hier: jdm auf-fallen

strychnine	Strychnin
stuff	Zeug
stuffed	ausgestopft
success	Erfolg
successful	erfolgreich
to suffer	leiden
to suffer from	an … leiden
sugar	Zucker
surgery	Arztpraxis
surprised	überrascht
to survive	überleben
suspect	Verdächtige/r
to suspect	vermuten, den Verdacht haben, ver-dächtigen
suspicious	verdächtig
to swallow	schlucken
sweets	Süßigkeiten

T

tailor	Schneider/in
to take a seat	sich setzen
to take a second look	ein zweites Mal hin-sehen
to take care of sth/sb	sich um etw/jdn kümmern
to take place	stattfinden
to take sb in	jdn täuschen, für sich einnehmen
to take sth for granted	etw für selbstverständ-lich halten
to take sth literally	etw wörtlich nehmen
taste	Geschmack
tasteless	ohne Geschmack
tea room	Teestube
telegram	Telegramm
telegraph office	Telegrafenamt
to tell	erzählen
terrified	verängstigt
terror	Schrecken
that would raise some eyebrows	das würde die Leute brüskieren
that's the point	das ist es ja gerade
the docks	Hafen
the Lord's prayer	das Vaterunser
the New World	die Neue Welt (Ame-rika)
the thing is	die Sache ist die
the why	das Warum
there is something to it	es ist etwas dran
this, too, shall pass	auch das wird vorbei-gehen
though	jedoch; trotzdem
throne	Thron
through	durch
through the help of	mithilfe

to	throw up	sich übergeben
	thump	dumpfer Schlag
	tidy	aufgeräumt
	too many	zu viele
	top hat	hoher Hut, meist Zylinder
to	torture oneself	sich quälen
to	touch	berühren
	toy soldier	Spielzeugsoldat
	tragedy	Tragöde
	tragic	tragisch
to	train	trainieren
	treasure	Schatz
to	treat	behandeln
	treatment	Behandlung
to	trick sb	jdn austricksen
	trouble	Ärger, Probleme
	true	wahr
to	trust	vertrauen
	trustworthy	vertrauenswürdig
to	turn blue	blau werden
	twice	zweimal

U

	unable	nicht in der Lage
	unconscious	bewusstlos
to	understand	verstehen
	understudy	Zweitbesetzung
	unfortunately	leider, unglücklicherweise
	unharmed	unverletzt
	unknown	unbekannt
	unless	außer
	unlikely	unwahrscheinlich
	unreliable	unzuverlässig
	urgently	dringend
	usual	üblich

V

	vaccination	Impfung
	veil	Schleier
	version	Version
	vest	Weste
	victim	Opfer
to	view a body	die Leiche betrachten
	villain	Übeltäter/in
	voice	Stimme

W

	walk	Spaziergang
	walking stick	Gehstock
to	want sb dead	wollen, dass jmd tot ist
to	warm sb up	jdn aufwärmen
to	warn	warnen
	watchchain	Uhrenkette
	weird	seltsam
	well-dressed	gut gekleidet

	what I would have done	was ich getan hätte
	what's wrong	was stimmt nicht
	whoever	wer auch immer
	whole	ganz
	widow	Witwe
	with great horror	mit großem Schrecken
	witness	Zeuge, Zeugin
to	wonder	sich fragen
	woollen	aus Wolle
to	work	arbeiten; funktionieren
	worried	besorgt
to	worry	sich Sorgen machen
	worse	schlimmer
	worthwhile	wert, lohnend
	worthy	würdig
	wound	Wunde
	writer	Schriftsteller/in
	written	geschrieben
	wrong	falsch
to	wrong sb	jdm Unrecht tun, übel mitspielen
	wrongdoing	Missetat

Y

to	yell at sb	jdn anschreien
	you see	hier: wissen Sie
	you won't believe	Sie werden nicht glauben

Bildnachweis

Mörderisches zum Mitfiebern

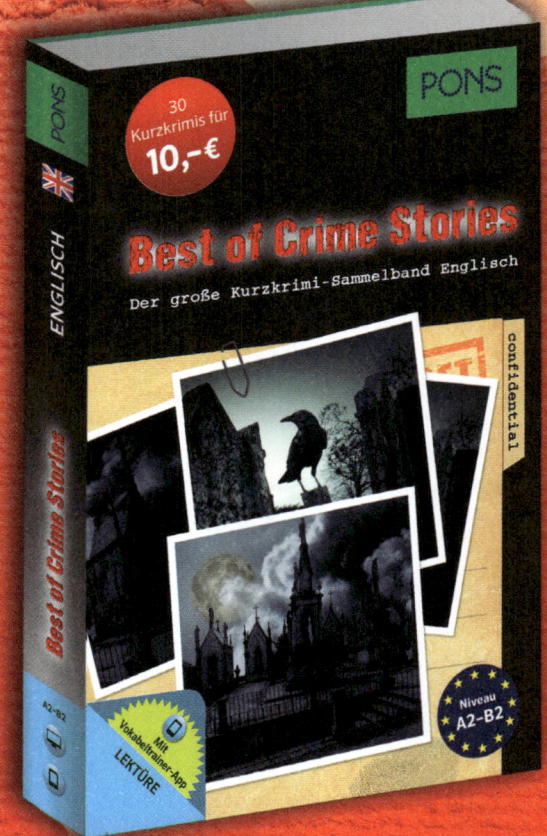

- Englisch lernen mit mörderischen Kurzgeschichten.
- Die besten Kurzkrimis von PONS zum Sprachenlernen gesammelt in einem Band.
- Schwierige Wörter werden extra erklärt.
- Der Wortschatz aus jeder Geschichte kann mit der PONS Vokabeltrainer-App gelernt und geübt werden.
- Empfohlen ab 16 Jahren

ISBN 978-3-12-562994-3